A la mémoire de Marie-Claire Taralon
et en hommage à son enseignement de la linguistique.

ÉTUDES LITTÉRAIRES

ANCIEN ET MOYEN FRANÇAIS

Exercices de phonétique

PAR NELLY ANDRIEUX-REIX

PRESSES UNIVERSITAIRES DE FRANCE

ÉTUDES LITTÉRAIRES

Collection dirigée par
Jean-Pierre de Beaumarchais
et Daniel Couty
et par Yves Chevrel
pour les textes étrangers

ISBN 2 13 045356 2
ISSN 0764-1621

Dépôt légal — 1re édition : 1993, juillet
2e édition corrigée : 1997, avril

Sommaire

Introduction

Recréer son par son d'un mot français les images vocales passées qui, depuis celle de l'ancêtre latin, se sont progressivement substituées l'une à l'autre et dont il ne reste parfois pas la moindre trace écrite. Fixer un instant ces fragiles images de synthèse qui défient l'absence de documents. Entreprise aventureuse et néanmoins ordinaire pour tout étudiant de Lettres: à l'épreuve de linguistique médiévale des examens et concours universitaires est traditionnellement associée une question de phonétique, appliquée à des formes de l'ancien français. Dans ce fascicule destiné à y préparer, cette association a été respectée, comme gardée l'orientation dominante de la question, jusqu'ici toujours historique; même s'il n'est pas de phonétique qu'historique, même si la phonétique du français n'est pas exclusivement attachée à l'étude du français médiéval.

Pour la description des faits et «lois» phonétiques, les étudiants ont à leur disposition des ouvrages clairs, justes, très pédagogiquement conçus, en tous points facilement accessibles (voir la bibliographie ci-jointe); il n'était nul besoin d'en ajouter un autre. Mais une question de phonétique appliquée mobilise, outre des connaissances générales, la faculté de les adapter à des cas particuliers, en répondant aux exigences de précision entraînées par la reconstitution de mots entiers dans leurs stades antérieurs; il a donc paru utile de préparer à ce type d'épreuve, sous forme d'**exercices**, en prolongation des ouvrages théoriques existants.

Cet apprentissage en vingt-deux leçons a la caractéristique d'être conçu comme progressif, du moins à ses débuts: les premiers exercices sont entièrement consacrés aux préalables que sont l'indication de la place de l'accent dans l'étymon latin, celle de la quantité des voyelles latines ainsi que le repérage rapide d'effacements vocaliques, conditionnant l'architecture de l'explication à venir; parce qu'il s'avère peu efficace de vouloir d'emblée expliquer la totalité des changements ayant affecté une forme latine donnée, mais qu'en revanche, se révèle indispensable la réussite des premières opérations à effectuer pour mener à bien le reste de l'étude.

Même une fois abordée (à partir du n° 10) l'explication historique d'un mot entier, elle n'est pas ce qui a été privilégié dans ce recueil: il est plusieurs manuels[1] qui donnent à ce sujet tous les détails souhaités pour combler les vœux en ce domaine, alors qu'il reste difficile de maîtriser les connaissances permettant d'interpréter l'évolution de chaque son dans chaque environnement possible; c'est pourquoi ces exercices ont été, pour l'essentiel, orientés vers la mémorisation des éléments qui se révèlent déterminants dans une évolution et qui peuvent varier selon chacune d'elles.

Cette finalité dominante a engendré des disparates: lorsque des éclaircissements complémentaires ont paru nécessaires, ils ont été fournis[2]; lorsqu'il ne s'imposait pas de complément, seuls quelques rappels ont été faits, pourvus d'indications bibliographiques.

Par ailleurs, plusieurs exercices ont inclus des types d'études autres que les seules évolutions de sons et de mots dans l'histoire; ainsi une place a-t-elle été réservée à l'inter-

[1] Tels ceux de G. Joly, *Précis de phonétique historique du français*, A. Colin, 1995 et G. Zink, *Phonétique historique du français*, PUF, 3e éd. 1992. Est aussi à rappeler l'ouvrage de A. Lanly, *Fiches de philologie française*, Bordas, 1971.

[2] Par exemple sur le bouleversement vocalique.

prétation de graphies[3], à l'examen d'assonances et de rimes, qui restent les grands lieux d'information sur les sons médiévaux :

— pour que l'histoire individuelle de chacun de ces sons n'en fasse pas oublier l'existence d'un voire de plusieurs systèmes phonologiques successifs qui ont été la « charpente phonique »[4] du français ancien, constitutifs de cet état de langue comme les autres systèmes (morphologiques, syntaxiques, lexicaux), dont ils ne peuvent être dissociés ;

— pour que cette épreuve, à la fois de phonétique historique et de langue médiévale, contribue ainsi à restituer aux textes étudiés un peu des voix vives qui les disaient.[5]

Application à un exercice universitaire de divers travaux indiqués dans la bibliographie qui suit, ce recueil leur est entièrement redevable, notamment aux recherches de Georges Straka, qui ont renouvelé la phonétique historique des langues romanes; il doit aussi beaucoup à l'enseignement de Jacques Monfrin donné à l'Ecole des Chartes.

3 Je veux remercier ici Liselotte Biedermann-Pasques, ingénieur de recherche au C.N.R.S., pour les précisions qu'elle m'a apportées sur les graphies du français au 17e siècle.

4 Emprunt à R. Jakobson et L. Waugh, *La charpente phonique du langage*, traduit par A. Kihm, Paris, Ed. de Minuit, 1980.

5 Chanté comme la chanson de geste ou le lai, lu à haute voix comme le roman, aucun texte médiéval ne peut être dissocié de la voix ; voir à ce sujet P. Zumthor, *La lettre et la voix*, Paris, Ed. du Seuil, 1987, notamment p. 115-129, 142-151.

Correspondances entre les alphabets phonétiques

Dans ce recueil, la transcription des sons a été faite en A.P.I. (alphabet phonétique international) avec, toutefois, quelques adaptations signalées après le tableau ci-dessous; les manuels existants n'utilisant pas tous les mêmes signes, il a paru utile de rappeler les correspondances entre ces divers alphabets phonétiques.

	Notation internationale A.P.I.	**Notation dite « française »[1]**	**Notation des comparatistes[2]**	**Notation des manuels de E.J. Bourciez, P. Fouché, F. de La Chaussée G. Zink**	
Consonnes oclusives	c	t̮	tˇ	t̮	fr. pop. et dial. *cin**qu**ième*
	ɟ	d̮	dˇ	d̮	fr. pop. ***gu**ère*
	ɲ	n̮	ň	n̮	fr. *a**gn**eau*
	k	k	k	k	fr. ***c**ar, **qu**and*
	g	g	g	g	fr. ***g**are*
	ŋ	ṅ	ŋ	ṅ	fr. *campi**ng***; fr. rég. (Midi) *bie**n***
Consonnes constrictives (fricatives)	β	ƀ	ƀ	β	esp. *sa**b**er*
	s	s	s	s	fr. ***s**ale, pa**ss**er*
	z	z	z	z	fr. ***z**èle, po**s**er*
	θ	s̥	þ	θ	esp. ***c**inco*; angl. ***th**e*
	ð	z̥	đ	ð	esp. *porta**d**a*; angl. *fa**th**er* anc. fr. *porte**d**e* (noté aussi/*-edhe*)

[1] La notation dite « française » a été utilisée dans les Atlas linguistiques régionaux et dans les travaux de G. Straka.

[2] La notation des comparatistes (issue de celle des romanistes allemands) est celle qui a été utilisée dans les travaux de W. Meyer-Lübke.

	Notation internationale A.P.I.	**Notation dite « française »[3]**	**Notation des comparatistes[4]**	**Notation des manuels de E.J. Bourciez, P; Fouché, F. de La Chaussée G. Zink**	
Consonnes constrictive (fricative)	ʃ	ꞓ	š	š	fr. *chat*
	ʒ	j	ž	ž	fr. *jardin*
	j	y	j	y	fr. *yeux, payer*
	x	c	x	x	all. *Bach* ; esp. *hijo*
	ɣ	ǥ	ǥ	ɣ	esp. *luego* ; all. *Wage*
	r	r	r	R[5]	esp. *rey* ; (*r* "roulé")
	R	r	R	r[5]	*r* (fr. standard)
	l	l	l	l	fr. *là*
	ɫ	ɫ	ɫ	ɫ	angl. *old l* dit vélaire
	ʎ	l̥	lˇ	l̥	esp. *llave* ; it. *paglia* anc. fr. et fr. dial. *paille, fille*
	w	w	w	w	fr. *oui*
	ɥ	ẅ	ẅ	ẅ	fr. *huit, lui*
Consonnes mi-occlusives (attriquées)	ts	s	t͡s	ts	all. *Zahn* anc. fr. *cire, voiz*
	dz	ŝ, ẑ	ts, dz	dʒ	it. *mezzo* anc. fr. *raison, plaisir*
	tʃ	ꞓ̂	t͡š	tš	esp. *ocho* ; angl. *church* anc. fr. *chastel, chievre*
	dʒ	ĵ	d͡ǯ	dǯ	it. *gelo* ; angl. *just* anc. fr. *ja, jorn, geste...*
Consonnes palatalines	ţ	t´	t´	t´	fr. *tiens, moitié*
	ḑ	d´	d´	d´	fr. *midi, Dieu*
	ķ	k´	k´	k´	fr. *qui, kiosque*
	ģ	g´	g´	g´	fr. *gui, guère*

3 Voir note 1.

4 Voir note 2.

5 Pratiquement, les transcriptions ne distinguent pas [r] et [R].

	Notation inter-nationale A.P.I.	Notation dite « française »[6]	Notation des compa-ratistes[7]	Notation des manuels de E.J. Bourciez, P. Fouché, F. de La Chaussée G. Zink	
Voyelles	e	é	ẹ	ẹ	fr. *dé, porter*
	o	ó	ọ	ọ	fr. *peau, pot*
	u	ʋ́	ụ	ʋ̣	fr. *loup, louve*
	ɛ	è	ę	ę	fr. *fait, père*
	ɔ	ò	ǫ	ǫ	fr. *port*
	ʊ	ʋ̀	ų	ʋ̨	angl. *put*
	a	à	ą	a	fr. *patte, part*
	ɑ	á	ạ	ɑ̂	fr. *pâte, las*
	ə	ė	ə	e̥	all. *Gabe*
	ə	ė ou œ̇	ə	e̥	fr. *donne-le, crever*
	y	ú	ü	ü	fr. *bu, mule*
	ø	œ́	ọ̈	œ̣	fr. *peu*
	œ	œ̀	ǫ̈	œ̨	fr. *seul*

Le signe [̯] souscrit indique un élément non accentué dans une diphtongue ou une triphtongue: ex. [oi̯] indique que l'accent est sur le premier élément de la diphtongue

Deux changements ont été apportés ici aux symboles de l'A.P.I.

— Pour noter la voyelle atone de timbre /e/, on a utilisé [e̥], qui paraît mieux correspondre que [ə] à ce que l'on peut reconstituer de la prononciation de cette voyelle en ancien français; la même notation a été gardée pour la voyelle labialisée correspondante.

6 Voir note 1.

7 Voir note 2.

— Pour noter l'articulation palatale de /k/ /g/ /t/ /d/, on a préféré, parce que plus lisible et gardant la relation avec la notation de la consonne non palatale, l'adjonction du sign [̯] sous la consonne: ex. [k̯] [t̯]...; en revanche, pour noter l'articulation seulement palatalisée des mêmes consonnes, on a conservé le symbole de l'A.P.I. [ʶ] adjoint à la consonne: ex. [ƫ].

En outre, une lettre placée en exposant indique le timbre vocalique suivant une consonne: ex. [$k^{e,i}$] signifie [k] articulé devant [e] ou [i].

On rappellera que les // notent les phonèmes, les [] notent les sons, plusieurs de ces derniers pouvant relever d'un même phonème: ex. le phonème /k/ se réalise dans des sons variables en fonction de la voyelle suivante [k^a], [k^e], [k^o] etc.

TABLEAUX DE LA CLASSIFICATION DES SONS

(extrait de F. CARTON, *Introduction à la phonétique du français,* Bordas, 1974, p. 35, 39)

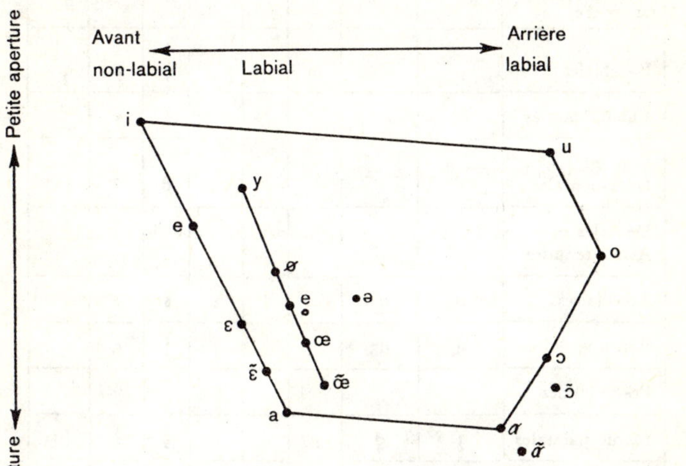

FIG. 9. — Trapézoïde des voyelles françaises. Certains signes A.P.I. sont inadéquats. Le e retourné n'est pas neutre en fr., mais labial, alors que le e sourd de l'anc. fr. était sans doute une sorte de é plus central. Il faudrait donc intervertir ces signes.

Articulations vocaliques du français

Modes articulatoires / Lieux articulatoires (d'avant en arrière)	Occlusives et Mi-occlusives		Sonantes			Constrictives		
	sourdes	sonores	nasales (sonores)	latérales	vibrantes	sourdes	sonores	articulation double
Bi-labiales	p	b	m			ɸ	β	ɥ w
Labio-dentales						f	v	
Post ou Inter-dentales						θ	ð	
Dentales et Alvéo-dentales	t	d	n					
Alvéolaires	t͡s	d͡z		l	r	s	z	
Post-alvéolaires	t͡ʃ	d͡ʒ				ʃ	ʒ	
Pré-palatales								
Médio-palatales	t̯	d̯	ɲ	ʎ		ç	j	(ɥ)
Post-palatales	K̯ (+ i)	g̯ (+ i)						
Pré-vélaires	K (+ a)	g (+ a)	ŋ			x	ɣ	(w)
Post-vélaires	K (+ u)	g (+ u)			R ʁ			
Uvulaires								
Pharyngales								
Laryngales	ʔ					h		

Articulations consonantiques du français

EXERCICES

EXERCICE 1. – Le placement de l'accent dans les étymons latins de plus de deux syllabes[1]

Toute explication de phonétique historique devant commencer par indiquer la place de l'accent dans l'étymon latin, le présent exercice vise à faire retenir les quelques points élémentaires qui, même sans connaissance approfondie du latin, permettent de faire correctement cette première opération, indispensable à la suite de l'étude.

Points à réviser :

- les dénominations des voyelles en fonction de leur place dans la forme : finale, pénultième, antépénultième, prétonique interne, contre-finale, contre-tonique
- les dénominations des formes en fonction de la place qu'y a l'accent : oxyton, paroxyton, proparoxyton
- ce que signifie « syllabe »
- l'évolution de la voyelle pénultième atone d'un proparoxyton
- l'évolution de la ou des prétoniques internes (« loi de Darmesteter ») [2]
- voyelle d'appui à un groupe consonantique
- syllabe libre (ou « ouverte ») ; voyelle « libre »

---

[1] Dans les formes latines de deux syllabes, l'accent porte toujours sur la première.

[2] Ces deux derniers points seront complétés respectivement par les exercices n°s 3 et 5.

En latin, la place de l'accent – de hauteur – était fixée par la quantité de l'avant-dernière syllabe, dite **pénultième** ; il ne pouvait remonter au-delà de la troisième syllabe à compter de la fin de la forme. Lorsque – et les cas en sont nombreux – cette quantité syllabique dépend uniquement de la quantité de la voyelle[3], elle-même déterminée par son histoire, il n'y a que deux façons de retrouver la place de l'accent latin :

— une recherche « en amont », qui relève de la linguistique ancienne et peut faire remonter très loin dans le temps antérieur au latin,

— une recherche « en aval », par la comparaison d'une forme latine donnée avec la forme française qui en est l'aboutissement phonétique ; cette recherche relève de la linguistique française et c'est elle seule qui sera envisagée ici : indispensable dans les cas définis ci-dessus[4], elle reste opératoire dans tous les autres.

La simple comparaison entre une forme latine et la forme française qui en est issue phonétiquement permet de repérer quelles voyelles se sont effacées entre le latin et l'ancien français. Associé à une connaissance[5] de l'influen-

3 Lorsque c'est la voyelle qui termine la syllabe; on veillera à ne pas confondre quantité syllabique (qui détermine la place de l'accent en latin, cette dernière pouvant toujours être retrouvée autrement, par la comparaison avec la forme française qui en est issue) et quantité vocalique (qui détermine l'évolution ultérieure de la voyelle).

4 Auxquels s'en ajoutent quelques autres, où l'accent latin a changé de place après le latin classique; la connaissance des lois de l'accentuation latine n'est alors plus d'aucune utilité, alors que la seule comparaison entre les formes latine et française suffit à faire retrouver l'accentuation qui a été à la source de la forme française.

5 Voir ci-dessus les points de révision indiqués sur les voyelles pénultièmes atones des proparoxytons et les voyelles prétoniques internes.

ce de l'accent latin[6] – devenu d'intensité – sur le maintien ou la chute des voyelles, ce repérage permet de retrouver quelle a été la place de l'accent dans la forme latine. Cette influence se résume très sommairement ainsi :

— toute voyelle latine accentuée a laissé une trace phonétique en français[7]
— toute voyelle latine **pénultième atone** s'est généralement effacée en français[8]
— une voyelle latine en position de **prétonique interne** a évolué comme à la finale (d'où le nom qui lui est parfois donné de **contre-finale**) :
  - [a] > [ẹ]
  - les voyelles autres que [a] s'effacent, sauf à être remplacées par un [ẹ] derrière les groupes consonantiques qui nécessitent une **voyelle d'appui** ; dans le cas de deux prétoniques internes[9] c'est généralement la première qui suit la « loi » énoncée si elle est fin de syllabe (soit « **libre** »)[10].

Soit, par exemple, les couples de formes :
hospite(m) > oste, nepote(m) > neveu, matutinu(m) > matin.

Dans chacun des étymons latins l'accent peut, en théorie[11], porter sur la voyelle pénultième ou sur l'antépénultiè-

6 Vraisemblable et toujours supposée, même si ce n'est pas le seul facteur à avoir été déterminant.
7 Ce qui n'autorise pas à en induire que toute voyelle ayant laissé une trace phonétique en français était accentuée en latin.
8 Pour les rares exceptions, voir l'exercice n° 5.
9 Ex. *dominicélla(m).*
10 Pour les cas de maintien – généralement d'ordre analogique – de la prétonique interne, voir l'exercice n° 5.
11 En l'absence d'information sur la quantité de la syllabe.

me ; un simple raisonnement à rebours suffit pour retrouver laquelle de ces deux voyelles était accentuée :

— le [i] pénultième de *hospite(m)* s'étant effacé (comme l'indique la forme *oste*), l'accent ne pouvait porter que sur le [o] ; l'effacement du [i] est dû à sa position de pénultième atone d'un proparoxyton ;

— le [o] pénultième de *nepote(m)* ne s'étant pas effacé (comme le prouve la forme *neveu*), l'accent ne pouvait être sur [e] et portait donc sur [o] dont l'aboutissement en français correspond à la graphie *eu* ;

— de même, le [i] pénultième de *matutinu(m)*, dont la trace restée en français est [ɛ̃], ne pouvait qu'être accentué ; le [u] s'est effacé parce que voyelle autre que [a] en position de prétonique interne.

L'exercice n° 4 entraînera à situer ces effacements vocaliques dans la chronologie relative d'autres changements phonétiques ; celui-ci se limite à la recherche de la place de l'accent dans l'étymon latin par la comparaison avec la forme française qui en est issue.

Exercice

Dans l'étymon latin de chacun des mots suivants :

1. Indiquez la place de l'accent ;
2. Repérez les cas d'effacements vocaliques, donnez-en la raison ; signalez ce qui vous apparaît comme une anomalie.

   *seür <securu(m), aumosne<*alemosina(m), avoé< advocatu(m), beauté <bellitate(m), chambre < camera(m), cheoir < cadere, conte<computu(m), corone<corona(m), damoisele*

*< dominicella(m), deriere <deretro, dolour <dolore(m), droit< directu(m), ensemble<insimul, envie<invidia(m), escriture < scriptura(m), feble < flebile(m), loer < laudare, menace < minacia(m), menu < minutu(m), merveille < mirabilia(m) ou *miribilia(m), mesure < mensura(m), norreture < nutritura(m), uevre < opera(m), ostel < hospitale(m), pesme < pessimu(m), querre < quaerere, rire < ridere, roïne < regina(m), sembler < simulare, soef < suave(m), vergogne < verecundia(m), voisin < vicinu(m), asne < asinu(m), novel < novellu(m), oïr < audire, veoir < videre, dote < dubitu(m), manche < manica(m), boivre < bibere.*

EXERCICE 2. – L'indication de quantité des voyelles latines

La quantité des voyelles latines est déterminée par leur histoire (voir l'introduction à l'exercice 1) ; elle peut très généralement être retrouvée, au moins celle de la voyelle accentuée en comparant entre elles une forme latine et celle qui en est issue phonétiquement en français : la connaissance des évolutions entraînées par « le bouleversement vocalique » (entre le 1er et le 3e siècle essentiellement), et celle, même sommaire, de l'aboutissement des voyelles accentuées permet d'indiquer la quantité de la plupart des voyelles latines.

Terminologie :

— aperture
— diphtongaison spontanée

Points à réviser :

— les deux changements dont l'ensemble constitue le « bouleversement vocalique »
— avoir sous les yeux le tableau donnant l'aboutissement des voyelles lorsqu'elles se sont diphtonguées ; voir notamment les deux aboutissements en français de la diphtongue latine [aę]

Le bouleversement vocalique

Le bouleversement vocalique est l'un des deux premiers grands changements entièrement corrélés subis par le latin parlé, l'autre étant la transformation de l'accent qui, de musical qu'il était essentiellement, est devenu d'intensité (voir les exercices n°1 et surtout n° 3). Il recouvre lui-même deux transformations qui correspondent à un **transfert de marques** opéré dans le système phonologique du latin :

— ce qui semble avoir été uniquement pertinent dans les voyelles latines, était l'opposition longue *vs* brève (ex. *pṓpulus* « peuplier » *vs pŏ́pulus* « peuple »), qui déterminait la place de l'accent, ce dernier étant donc jusqu'alors un trait secondaire, subordonné à l'autre ; or, cette opposition de quantité vocalique a engendré[1] une opposition de timbre, ce qui a fait se confondre sous le même timbre les aboutissements respectifs de voyelles initialement distinctes (ex. [ĭ] et [ē] aboutissant à [e]) ;

— ce qui devient pertinent à partir du 3e siècle, c'est la place de l'accent, désormais non dépendant d'une quantité vocalique ; cet accent, parce que devenu d'intensité, a créé de nouvelles corrélations de longueur vocalique, qui expliquent et précèdent immédiatement **les diphtongaisons spontanées des voyelles** (voir l'exercice n° 3).

Seule la première transformation (le passage d'une opposition de quantité à une opposition de timbre) est l'objet du présent exercice.

[1] Il semblerait, en effet, que ce soit l'opposition de quantité qui ait accentué les écarts entre les apertures vocaliques et entraîné ainsi une nette différenciation de timbre entre les voyelles, la durée aboutissant à deux effets inverses :
- une voyelle longue de petite aperture tend à se fermer
  de moyenne et grande aperture tend à s'ouvrir
- une voyelle brève de petite aperture tend à s'ouvrir
  de moyenne et grande aperture tend à se fermer.

Les voyelles latines étaient toutes d'aperture moyenne.

Le tableau ci-dessous donne le nouvel ensemble de timbres établi par ce bouleversement, que le « trapèze vocalique »[2] pourra aider à comprendre et mémoriser :

Les voyelles longues se ferment	Les voyelles brèves s'ouvrent
ē > e	ĕ > ɛ
ō > o	ĭ > e
	ŭ > o
ū > u	ŏ > ɔ
ī > i	

Quelques jalons chronologiques

Si les premiers témoignages en remontent aux premiers siècles de notre ère, ce bouleversement vocalique s'étend au moins jusqu'à la fin du 3ᵉ siècle : il n'a pas eu lieu à la même époque, pour toutes les voyelles ni dans toutes les provinces de l'Empire ; le tableau ci-dessous, extrait des travaux de G. Straka[3] rassemble les principaux jalons qu'on

2 Voir les tableaux de classification des sons donnés au début de ce recueil.

3 G. Straka, *Durée et timbre vocaliques. Observations de phonétique générale, appliquées à la phonétique historique des langues romanes,* dans *Zeitschrift für Phonetik und allegemeine Sprachwissenschaft*, vol. 12, 1959, p. 276-300; réimprimé dans G. Straka, *Les sons et les mots*, Klincksieck, 1979, p. 167-191. Pour ce qui concerne le [ŭ] final, cet article a été complété par G. Straka, *L'évolution phonétique du latin au français sous l'effet de l'énergie et de la faiblesse articulatoires*, dans *Travaux de Linguistique et de littérature*, vol. 2, 1, 1964, p. 17-96; réimprimé dans *Les sons et les mots* (voir ci-dessus), p. 213-294; la précision indiquée se trouve aux p. 257-258.

ait pu établir dans la chronologie des changements phonétiques par la comparaison entre les diverses langues issues du latin parlé (= les langues romanes).

1er s. L'opposition de durée vocalique commence à devenir une opposition de timbre
milieu du 1er s. : premiers témoignages sporadiques de l'ouverture de [ĭ] en [e], de [ŭ] en [o] (inscriptions de Pompéi, avant 79)
Séparation linguistique de la Sardaigne

2e s. Extension en Gaule des oppositions de timbre ([ē > e], [ĕ > ɛ])
fin du 2e s. : extension et généralisation de [ĭ > e]
(le changement n'atteint plus le sarde)

fin du 3e s. : Séparation linguistique de la Dacie
Extension et généralisation de [ŭ > o] (ailleurs qu'en finale atone[4])
(le changement n'atteint plus le sarde ni le roumain)

Exercice

Dans l'étymon latin des mots suivants :

1. Placez l'accent ;
2. Indiquez la quantité de la voyelle accentuée, voire, quand il est possible de la retrouver, celle des autres voyelles.

[4] En finale atone, ce changement est supposé ne s'être produit qu'après la fin du 4e siècle (voir l'article cité en fin de note précédente).

*aoure < adorat, perçoit < percipit, seoir < sedere, seür < securu(m), siet < sedet, vient < venit, bien < bene, boit < bibit, brief < breve(m), proie < praeda(m), ciel < caelu(m), soie < saeta(m), croi <credo, croire < credere, cuer < cor, demeure <*demorat, deriere < deretro, doel < dolu(m), doit < debet, ensemble < insimul, envie < invidia(m), escrit < scriptu(m), escriture < scriptura(m), estoile < stela(m), eure < hora(m), livre < libru(m), mie < mica(m), niés < nepos, neveu < nepote(m), oeuvre (uevre) < opera(m), oï < auditu(m), pié < pedem, poise < pe (n) sat, quiert < quaerit, manoir < manere, rien < rem, rire < ridere, sembler < simulare, trueve <*tropat, veoir < videre, vie < vita(m), voie < via(m).*

EXERCICE 3. – Le repérage des diphtongues et de leur origine

Limité à de simples repérages, cet exercice sera complété par :

— les exercices n° 7, 9, 11, 12 sur les différentes diphtongues voire triphtongues produites ;

— l'exercice n° 15 sur les conséquences des palatalisations consonantiques (certaines diphtongues – ou absence de diphtongues – ne pouvant s'interpréter que par l'influence d'une consonne palatale ou palatalisée sur la voyelle précédente).

Terminologie :

— syllabe libre (ou « ouverte »), entravée (ou « fermée »)
— voyelle libre, entravée[1]
— semi-voyelle[2]

Points à réviser :

— l'entrave ; les groupes consonantiques ne formant pas entrave ; les sons simples formant entrave[3]

---

[1] Pour éviter les confusions entre les terminologies concernant la nature de la syllabe et celles qui concernent l'aperture des voyelles, on a parlé ici uniquement de voyelle « libre » et de voyelle « entravée », réservant l'appellation de voyelle « ouverte » pour le timbre.

[2] Sur la différence entre semi-consonne et semi-voyelle, voir notamment F. de La Chaussée, *Initiation à la phonétique historique de l'ancien français,* Klincksieck, 1974, p. 33-35.

[3] Voir l'exercice n° 15.

La **diphtongue** est classée dans les sons vocaliques instables, se définissant comme la prononciation en une seule syllabe de deux sons dont le premier est une voyelle et l'autre une semi-voyelle[4] (ex. [ei̯], [ou̯]) ; la **diphtongaison** est, *stricto sensu*, la dégradation d'une voyelle au cours de son émission, qui aboutit à sa segmentation en diphtongue (ex. [e] latin aboutissant à [ei̯], [o] latin aboutissant à [ou̯][5]. Par extension, la tradition de la phonétique historique française a aussi appelé « diphtongaison » tout aboutissement d'une voyelle unique à deux sons (ex. le passage de [ɛ] latin à [je] sera appelé ainsi au même titre que celui[6] de [e] latin à [ei̯]).

Historiquement, il se distingue **deux grands types** de formation de diphtongues :

— la **diphtongaison** (= segmentation) d'une voyelle **accentuée**, ce processus se différenciant lui-même en deux :

- la diphtongaison **spontanée**, pour **toute voyelle latine accentuée en syllabe restée**[7] **ouverte** (ou **libre**) et pour toute voyelle d'un monosyllabe tonique
(ex. *béne* > *bien, habére* > *aveir, cór* < *cuer*) ;

[4] Voir note 2 ; pour la formation de semi-voyelles, voir notamment l'exercice n° 6.

[5] Voir les exercices n° 9 et 11.

[6] Bien qu'il s'agisse, en réalité, de deux processus différents ; voir notamment F. Carton, *Introduction à la phonétique du français*, Bordas, 1re éd., 1974, p. 173-176.

[7] Pour les cas d'entrave secondaire, voir les exercices n° 4 et 15, ainsi que la note 9 ci-dessous.

- la diphtongaison **conditionnée**, limitée aux **voyelles ouvertes**[8] (ɛ < ĕ, ɔ < ŏ) **accentuées** lorsqu'elles se trouvent devant un son palatal ou devenu palatal[9] (ex. *fŏ́lia > fueille, ŏ́culum > ueil* ;

— la **coalescence** – on parle alors d'une **diphtongue de** ou **par coalescence** – d'une voyelle et d'un son semi-vocalique[10] d'une origine autre que cette seule voyelle : ex. *dirḗctum > dreit* où [ei̯] < [e] + [i̯], ce dernier élément dû à la « vocalisation » du [j] lui-même issu du [k]), *dormitṓriu(m) > dortoir* où [oi̯] < [o] + [i̯] issu de la palatalisation du [r].

Rem. — Contrairement aux diphtongues issues d'une diphtongaison (spontanée ou conditionnée) de voyelle, qui ne se produisent que sous l'accent, les diphtongues de coalescence peuvent se produire aussi bien sous l'accent (ex. *dirḗctum > dreit*) qu'en dehors de l'accent (ex. **alemṓsinam > **au**mosne*).

8 Les anciennes brèves latines; voir aussi la note 1.

9 Tout son palatal ou devenu palatal provoque une entrave de la voyelle précédente (voir exercice n° 15); cette voyelle ne peut donc connaître de diphtongaison spontanée; mais, si elle est ouverte, elle connaît une segmentation provoquée par la palatale et dont l'aboutissement est le même que celui de la diphtongaison spontanée; la différence entre les deux est illustrée par la comparaison au sein des langues romanes, entre, par exemple, l'italien (qui ne connaît pas la diphtongaison conditionnée) et le provençal (qui connaît la diphtongaison conditionnée mais non la spontanée): ex. *óculum* > ital. *occhio*, prov. *uelh* (AF *ueil*), *nóctem* > ital. *notte*, prov. *nuech* (fr. *nuit*).

10 Voir la note 2.

Comment repérer les diphtongues, même masquées par les graphies ?

— connaître les graphies les plus fréquentes pour chaque son :
ex. *merveille, mervelle, conseil,* où [ʎ] est respectivement noté *ill, ll il* ; *cant, quant* où [k] est noté *c* ou *qu* ;
— connaître – même sommairement pour commencer[11] – l'évolution des diphtongues (ex. savoir que [ei̯] évolue en [oi̯]).

Soit la forme *conseil* < *consilium* ; si la séquence graphique *ei* de *conseil* notait une diphtongue [ei̯], celle-ci aurait évolué en [oi̯] puis abouti à [wa] ; l'absence de forme *consoil* en ancien français standard[12], la prononciation [kɔ̃sɛj] du français moderne prouvent que dans ce mot la séquence *eil* notait en ancien français [eʎ].

Comment discerner l'origine de ces diphtongues ?

— commencer[13] par placer l'accent (voir exercice n° 1) ;
— connaître les « lois » d'évolution des voyelles latines ; se rappeler notamment que :
- une voyelle ne peut se diphtonguer que sous l'accent ;
- s'il s'observe une diphtongue en-dehors de l'accent, ce ne peut être qu'une diphtongue de coalescence ;

11 Les compléments seront abordés dans les exercices 9 et 11.

12 En revanche, *consoil* est attesté dans les formes dialectales (voir exercice n° 14).

13 Avant tout essai de repérage de diphtongue, afin de ne pas céder à la tendance de placer l'accent sur la voyelle latine correspondant à la diphtongue observée (voir les remarques qui suivent) ; ainsi, par exemple, dans *veisin* < *vicīnum*, le repérage de *ei* ne doit pas conduire à placer l'accent sur le premier *i* de l'étymon latin.

– la diphtongaison spontanée ne se produit que sous l'accent et en syllabe restée libre ;
– une voyelle libre en latin peut devenir entravée par la suite (entrave dite secondaire; par exemple, tout son palatal provoque une entrave de la voyelle précédente) ;
– s'il s'observe une diphtongaison de voyelle dans une syllabe entravée, cette diphtongaison ne peut être que « conditionnée » ;
– la « diphtongaison conditionnée » ne concerne que les voyelles ouvertes.

Exercice

1. Dans les étymons latins, placez l'accent et indiquez la quantité des voyelles, au moins de la voyelle accentuée.
2. Dans les formes françaises, repérez les cas[14] où il y a eu une diphtongue; indiquez[15] si celle-ci est issue d'une diphtongaison de voyelle (dans ce cas si elle est spontanée ou conditionnée) ou s'il s'agit d'une diphtongue de coalescence.

*angoisse < angustia(m), veie-voie < viam, veeir-veoir < videre, aumosne < alemosina(m), vient < venit, conseil < consiliu(m), meilleur-meillour < meliorem, damoisele < *dominicella(m),*

[14] En tenant compte du signe diacritique qu'est le tréma dans les éditions modernes.

[15] Sans chercher, pour l'immédiat, à en donner d'origine plus précise; celle-ci sera l'objet d'exercices ultérieurs (n°15 notamment).

autre < alter, lié < laetu(m), teit-toit < tectu(m), fait < factu(m), jour < diurnu(m), roïne < regina(m) [16]*, pié < pede(m), receivre < recipere, dreit-droit < directu(m), merveille < mirabilia(m), fueille < folia(m), beivre-boivre < bibere, poison < potione(m), grief < greve(m), ciel < caelu(m), mielz < melius, seigneur < seniore(m), veisin-voisin < vicinu(m), veneour < venatore(m), veü < vidutu(m), uevre < opera(m), savoir < sapere, seür < securu(m), voiz < voce(m), paiz < pace(m), oïr < audire*

[16] Ne pas tenir compte du vocalisme initial.

EXERCICE 4. – Sur la chronologie relative de certains changements phonétiques

Ou comment situer dans le temps, au moins approximativement, les effacements de quelques voyelles [complément à l'exercice 1 ; complété par l'exercice 5]

Terminologie :

— pénultième atone, proparoxyton, prétonique interne
— voyelle libre, diphtongaison
— intervocalique
— sonorisation

Points à réviser :

— les deux grandes époques des diphtongaisons spontanées
 • pan-romane (3e s.) pour les voyelles ouvertes [ɛ] [ɔ]
 • française (6e s.) pour les voyelles fermées [e] [o] et pour [a]
— dans le tableau des consonnes : les variantes sourde et sonore d'une même articulation

---

En français, la voyelle **pénultième atone** d'un **proparoxyton**, la **prétonique interne**[1] **autre que [a] s'effacent** généralement (voir exercice n°1) ; mais cet effacement ne se produit pas à la même époque pour toutes les voyelles ni même pour toutes les occurrences d'une même voyelle[2].

[1] Pour les cas où il y a plusieurs voyelles entre l'initiale et l'accent, voir l'exercice n° 1.

[2] Ex. les deux formes attestées *code* et *cote* pour l'aboutissement de *cúbitu(m)* .

Pour chaque cas, l'époque de l'effacement ne peut être délimitée qu'approximativement et par l'examen d'autres sons, dont l'évolution est mieux située dans le temps ; **deux groupes de changements** peuvent servir d'**indices** pour l'établissement de cette **chronologie relative**[3] :

— **la sonorisation des consonnes sourdes intervocaliques (fin 4e s.)** ;

— **la diphtongaison spontanée des voyelles accentuées libres**[4] (3e s. pour [ɛ] et [ɔ][5] ; 6e s. pour [e], [o] et [a][6]).

La **sonorisation** (ou l'absence de sonorisation) d'une consonne sourde intervocalique permet de situer approximativement dans le temps l'effacement d'une prétonique interne ou d'une pénultième atone.

En effet, cette sonorisation ne se produit qu'entre voyelles[7] ; la disparition de l'une de ces voyelles environnantes avant l'époque de sonorisation (fin 4e s.) suffit pour que la consonne sourde ne se sonorise pas.

=> Le seul repérage du maintien d'une consonne sourde permet de situer avant la fin du 4e siècle l'effacement (lorsqu'il s'en est produit) d'une voyelle contiguë ; le repérage d'une sonorisation de la consonne sourde permet de situer cet effacement après la fin du 4e siècle :

— **ex. de pénultième atone effacée** :

- avant la sonorisation des consonnes sourdes intervocaliques : *cómite(m) > conte* ;
- après la sonorisation : *male hábitu(m) > malade*

3 Pour d'autres indices ne concernant que les proparoxytons, voir l'exercice n° 5.

4 Dites aussi « ouvertes » (voir l'exercice n° 3 note 1).

5 Pour plus de précisions sur chacune de ces voyelles, voir l'exercice n° 7 et le tableau chronologique donné à la fin de ce recueil.

6 Pour l'interprétation de l'évolution de [a] comme une diphtongaison ou comme une fermeture, voir ex. 15.

7 C'est exceptionnel à l'initiale : ex. *gras < crassu(m)* ; sur les sonorisations, voir l'exercice n° 6.

— de prétonique interne effacée

– avant la sonorisation : *hospitále(m) > ostel* ;
– après la sonorisation : *subitánu(m) > soudain.*

Si le [t] de *cómite(m)* et de *hospitále(m)* est resté sourd comme il apparaît dans *conte* et *ostel*, c'est qu'il n'était plus intervocalique à la fin du 4ᵉ siècle ; un *terminus ad quem* est ainsi posé pour l'effacement de la voyelle pénultième atone de *cómite(m)* et de la prétonique interne de *hospitále(m)* : dans ces mots, ces deux voyelles s'étaient effacées avant la fin du 4ᵉ siècle.

Si le [t] de *male hábitu(m)* et de *subitánu(m)* s'est sonorisé en [d] comme il apparaît dans *malade* et *soudain*, c'est que cette consonne était encore intervocalique à la fin du 4ᵉ siècle : l'effacement de la pénultième atone de *hábitu(m)*, celui de la prétonique interne de *subitánu(m)* n'ont pu se produire qu'après[8].

Exercice

1. Placez l'accent dans l'étymon latin
2. Indiquez, lorsqu'il est possible de la retrouver par la comparaison des deux formes latine et française, la quantité des voyelles latines

[8] Pour les infinitifs latins en *-cáre* et à prétonique interne, deux aboutissements français sont également attestés en *-chier* et en *-gier*.
(ex. *collocáre > couchier, manducáre > mangier)*, chacun d'eux supposant une époque différente pour l'effacement de la prétonique interne ; plutôt que de choisir entre les deux hypothèses qui ont partagé les philologues et les phonéticiens, les étudiants se contenteront de remarquer que « tout se passe comme si » pour les verbes comme *collocare* la prétonique interne s'était effacée avant l'époque de sonorisation des sourdes intervocaliques, après cette même époque pour les verbes comme *manducare*.

3. Repérez les cas d'effacement de voyelles, donnez-en la raison ; chaque fois qu'il y a lieu, situez cet effacement par rapport à l'époque de diphtongaison de la voyelle précédente et/ou de la sonorisation des consonnes sourdes.

bonté* < *bonitate(m), conte* < *computu(m), matin* < *matutinu(m), norreture* < *nutritura(m), santé* < *sanitate(m), vergoigne* < *verecundia(m), vengier* < *vindicare, tiede* < *tepidu(m)-tepida(m), dete* < *debita(m), chambre* < *camera(m), dote* < *dubitu(m), couture* < **consutura(m), conter* < *computare, clarté* < *claritate(m), oste* < *hospite(m), ostel* < *hospitale(m), donter* < *domitare, friente* « tumulte » < *fremitu(m), poucin* < **pullicinu(m)

EXERCICE 5. – Effacements vocaliques dans les proparoxytons latins ; indices pour en préciser l'époque

Cas particuliers. [complément des exercices 1 et 4]

Rappel des révisions faites pour l'exercice 1. — **La transformation ordinaire des proparoxytons latins** en paroxytons s'est faite, dans ce qui deviendra la langue d'oïl (l'ancien français), par **l'effacement de la voyelle pénultième atone, quel qu'en soit le timbre** ([a] connaît le même traitement que les autres voyelles). L'époque de cet effacement, variable selon les voyelles et leur environnement phonétique voire les occurrences d'un même mot[1], peut être située par rapport à d'autres changements phonétiques (voir l'exercice n°4) ; la recherche d'une précision chronologique peut, dans le cas des proparoxytons, être affinée par le repérage d'un indice propre à ce type d'accentuation et de rythme : c'est l'objet du présent exercice.

Exceptionnellement en langue d'oïl, certains aboutissements d'anciens proparoxytons latins témoignent d'une transformation en paroxytons par **l'effacement de la finale et le maintien de l'ancienne voyelle pénultième** (ex. *prín-cipe(m) > prince*) ; ce traitement représente l'évolution ordinaire en langue d'oc, fréquente en espagnol[2] (ex. *tépi-du(m)* > a. prov. *tebe*, esp. *tibio*[3]).

[1] Voir l'exemple, cité précédemment, de *cote-code* < *cúbitu(m)*.

[2] On consultera sur ce point E. Bourciez, *Eléments de linguistique romane*, Klincksieck, 5e éd. 1967, p. 143-145 (À NOTER : ouvrage différent de celui, généralement plus connu des étudiants, qu'est le manuel de E. et J. Bourciez, *Phonétique française. Etude historique,* Klincksieck, 1967).

[3] L'ancien français *tiede* représentant le traitement ordinaire rappelé ci-dessus.

La seule comparaison entre la forme source et celle qui en est issue phonétiquement permet de retrouver quel a été le mode de réduction, ordinaire ou exceptionnel, du proparoxyton :

ex. – *cálidu(m), a* > *chaut -chaude* (traitement ordinaire par effacement de la voyelle pénultième)

– *pállidu(m), a* > *pale* (traitement exceptionnel, « méridional », par effacement de la finale)

A NOTER : Certaines graphies, essentiellement attestées dans les premiers textes, pourraient faire croire au maintien occasionnel du rythme proparoxyton ; en fait, *angele* (alternant d'ailleurs avec *angle, angre*), *imagine-imagene*, *evesqueve...* sont prononcées en deux syllabes et représentent des graphies dites « rétrogrades » (correspondant à une prononciation ancienne et révolue, voire à une tendance à reproduire les lettres étymologiques).

L'effacement de la voyelle pénultième atone (traitement le plus fréquent en langue d'oïl)

Certains proparoxytons ont été réduits dès l'époque classique à des paroxytons : la prononciation *domnus* est attestée chez Plaute, *virdis* chez Caton... et une liste a été dressée de ces effacements précoces qui apparaissent essentiellement déterminés par la nature de l'environnement consonantique : entre consonne et [l] (ex. *oclu, tabla*) ; entre [r], [l] et [p], [m], [d], [t] (ex. *virde, caldu, lardu, soldu...*) ; entre [s] et [t] (ex. *quaesta).*

Il est possible de les mémoriser. Une autre façon de repérer un effacement vocalique comme précoce se fonde sur la seule comparaison entre les formes latine et française ; elle ne vaut toutefois que pour les proparoxytons dont la voyelle finale est autre que [a] et/ou derrière consonne n'entraînant pas l'apparition d'une voyelle dite « de soutien » :

— dans les proparoxytons devenus paroxytons, la voyelle finale a évolué comme celle des oxytons primaires : [a >ẹ̥], un [ẹ̥] « de soutien » apparaît derrière certains groupes consonantiques[4] ; les voyelles autres que [a] et ailleurs que derrière ces types de groupes consonantiques se sont effacées (voir l'exercice n°1) ; dans ce dernier cas, il ne reste donc, dès l'ancien français, aucune trace des voyelles latines pénultième et finale :
ex. *óculu(m) > ueil, víride(m) > vert, cálidu(m) > chaut* ;

— en revanche, dans les mots restés plus longtemps proparoxytons, la voyelle finale, même autre que [a], s'est maintenue en ancien français sous forme de [ẹ̥] :
ex. [5] *cómite(m) > conte, tépidu(m) > tiede.*

=> Sauf dans les cas rappelés ci-dessous, l'absence de *e* final dans la forme française permet de situer comme très précoce l'effacement de la voyelle latine pénultième atone.

Demeurent extérieurs à cet indice les cas où le *e* français correspond à un *a* final latin ou à une voyelle de soutien :
ex. *cálida(m) >chaude, púlvere(m) > poudre* [6]

4 Ex. [tr], [bl]... : *patre(m) > pere, populu(m) > pueple.*

5 Où le [ẹ̥] ne répond pas aux conditions d'apparition d'une voyelle dite « de soutien ».

6 Le cas de *carcere(m) > chartre* sera examiné dans l'exercice n°14.

=> Dans tous les cas où la forme française comporte un *e* final, les seuls repères chronologiques possibles pour l'effacement de la voyelle pénultième atone sont ceux qui ont fait l'objet de l'exercice 4 (fondés sur l'examen de la diphtongaison ou de l'absence de diphtongaison des voyelles accentuées, de la sonorisation ou de l'absence de sonorisation des consonnes sourdes intervocaliques lorsqu'il y en a).

Exercice

1. Dans les étymons latins (ici, tous proparoxytons) indiquez la quantité des voyelles qu'il est possible de retrouver (voir l'exercice n°2).
2. Repérez les effacements vocaliques et donnez-en la raison, en signalant les cas d'évolution rares en langue d'oïl ; essayez de les situer dans le temps, au moins par rapport à d'autres changements intervenus dans la même forme.

*vert < viride(m), sade < sapidu(m), manche < manica(m), soleil < soliculu(m), criembre < *cremere, juene < *jovene(m), coup < *colaphu(m), queste < quaesita(m), peril < periculu(m), genoil < genuculu(m), muete < movita(m), page < pagina(m), sene < synodu(m), lampe < lampada(m), orgue < organu(m), evesque < episcopu(m), image < imagine(m), Seine < Sequana(m).*

EXERCICE 6. – Repérage de quelques transformations, consonantiques surtout ; assimilations et dissimilations : sonorisations, « vocalisations »... ; épenthèses...

Des effacements de voyelles pouvant entraîner, secondairement, la formation de groupes consonantiques et l'entrave de voyelles précédentes originellement libres, cet exercice est le complément des précédents n°s 3 et 5.

Terminologie :

— intervocalique, position implosive
— hiatus
— assimilation « progressive », « régressive »
— dissimilation
— sonorisation spirantisation, assourdissement
— amuïssement[1]
— semi-consonne, semi-voyelle
— « vélarisation »[2], « vocalisation »
— consonantification (ou consonification)
— épenthèse ; *e* dit « svarabhaktique »
— voyelle prothétique

---

[1] Sur ce terme, qui ne se confond pas avec celui de « chute », voir F. Carton, *Introduction à la phonétique du français*, Bordas, 1re éd., 1974, p. 146-150.

[2] Sur l'affectation traditionnelle de ce terme à l'évolution du [l] antéconsonantique, voir F. de La Chaussée, *Initiation à la phonétique historique de l'ancien français*, Klincksieck, 1974, p. 101-102.

L'assimilation peut se définir très sommairement comme l'acquisition, par proximité voire contiguïté, d'une ressemblance pouvant aller jusqu'à l'identité ; liée à la combinatoire des sons dans la chaîne parlée, l'assimilation repose sur une tendance à l'économie articulatoire et une imperfection dans la coordination des mouvements articulatoires : toute articulation d'un son donné peut se prolonger, s'anticiper, donc influencer la production des sons voisins ; les voyelles y sont sujettes[3], comme les consonnes ; dans le présent exercice ne sera envisagée que l'assimilation consonantique :

— **assourdissements, sonorisations** et **spirantisations** ;
— **« vocalisations »** ;
— **assimilations** proprement dites, **progressives** ou **régressives**.

Le maintien d'une distinction entre deux sons tendant à se confondre relève généralement d'une nécessité d'ordre phonologique, susceptible de varier dans l'histoire[4] ; il peut aboutir

— à une **dissimilation** (dite aussi « **différenciation** »), qui est la création ou l'agrandissement d'une différence articulatoire ;
— à une **épenthèse**, donnant l'apparence d'un son supplémentaire intermédiaire entre deux consonnes contiguës et qui est, en fait, la segmentation des constituants d'une articulation[5].

[3] Voir notamment l'exercice n° 15.

[4] Dont sont un exemple les différentes étapes de l'évolution de la diphtongue [ei̯] ; voir l'exercice n° 9.

[5] Voir notamment l'explication très claire qui est donnée de cette transformation dans l'ouvrage de F. Carton, *Introduction...* p. 152.

Points à réviser :

- les caractéristiques acoustiques des consonnes, le tableau de classification de leurs articulations
- les tendances générales des évolutions consonantiques
- les cas d'assourdissements ; ceux de sonorisation, de spirantisation, voire d'amuïssement
- l'évolution de [l] devant consonne[6], les graphies correspondantes
- la « vocalisation » de [j] en [i̯], de [w] et de [l] en [u̯] ; l'incidence de cette transformation sur la consonne suivante[7]
- la consonantification de voyelles en semi-consonnes
- les cas d'assimilations consonantiques proprement dites
- les phénomènes d'épenthèse[8], consonantique et vocalique (*e* dit « svarabhaktique »)
- Les cas de formation d'une voyelle prothétique

Exercice

Dans les groupes de formes suivants :

1. Indiquez la place l'accent dans l'étymon latin ;
2. Repérez les cas d'effacement de voyelle (dont vous rappellerez la cause) et les conséquences entraînées sur les sons voisins ;
3. Repérez, en les nommant, les transformations affectant les consonnes ; dans les cas d'absence de transformation, indiquez-en les causes :

*semita(m) > sente, lamina(m) > lame, salvu(m) > sauf, salva > sauve, homine(m) > home, *colapu(m) > coup, sapere > savoir,*

6 Voir les références indiquées dans la note 1 ; sur les témoignages graphiques de cette évolution on consultera aussi E. et J. Bourciez, *Phonétique française...*, p. 187-188.

7 Voir l'examen très précis qui en est fait dans l'ouvrage de F. de La Chaussée, *Initiation...*, p. 33-35 (§ *La question des « semi-voyelles »*) .

8 Voir les références données en note 4.

terminu(m) > *terme, circare* > AF *cerchier* > FM *chercher, teneru(m)* > *tendre, clave(m)* > *clef, lepore(m)* > *lievre, pausa(m)* > *pause, molere* > *moudre, duplu(m)* > *doble, *essere* > *estre, tepidu(m)* > *tiede, simulare* > *sembler, cumulu(m)* > *comble, vivere* > *vivre, ripa(m)* > *rive, faba(m)* > *feve, rumpit* > *ront, scutu(m)* > *escu, debet* > *deit* > *doit, rupta(m)* > *rote, scriptu(m)* > *escrit, claudere* > *clore, *spat(h)a* > *espee, spo(n)sare* > *esposer, malva(m)* > *mauve, male-sapidu(m)* > *maussade, petra(m)* > *pierre, latrone(m)* > *larron.*

EXERCICE 7. – Les « diphtongues »[1] issues de [ɛ], [ɔ] et leurs évolutions

Terminologie :

— diphtongue, triphtongue
— diphtongaison spontanée, diphtongaison conditionnée ;
— syllabe libre (ou « ouverte »), entrave (primaire, secondaire), monophtongaison

Points à réviser :

— les époques respectives des « diphtongaisons » de [ɛ] et [ɔ]
— le processus d'évolution, différent pour les deux « diphtongues » : le maintien de [je], mais la différenciation dans l'aboutissement de [ɔ] et sa monophtongaison
— les graphies correspondant aux diverses étapes de l'évolution (entre autres, l'emploi de *eu, el*, qui peuvent induire en erreur sur les sons ainsi notés : voir les exercices n° 11, 13)

Rappel (des révisions faites pour l'exercice 3). — **Sous l'accent**, les voyelles [ɛ] et [ɔ] – issues respectivement de [ĕ] ou [ae̯][2] et de [ŏ] latins – sont susceptibles d'aboutir à

[1] Sur l'emploi de ce terme pour le produit des voyelles ouvertes, voir exercice n°3.

[2] Pour les deux évolutions dont est susceptible la diphtongue [ae̯] latine, voir exercice n° 2.

une « **diphtongue** » dans deux cas **à partir du 3e siècle**[3], qui concernent plusieurs aires linguistiques de la Romania et, pour cette raison, relèvent de ce qui est appelé « diphtongaison romane » :

— **sous l'accent, en syllabe libre** (= ou « ouverte »)[4] : **la diphtongaison spontanée**
ex. *pĕ́de(m) > pié, pĕ́tra(m) > pierre, bŏ́ve(m) > buef* ;

— **sous l'accent et devant une palatale** (qui forme toujours entrave[5]) : **la diphtongaison conditionnée**
ex. *fŏ́lia(m) > fuelle, nŏ́cte(m) > nuit, mĕ́lius > mielz*[6].

A NOTER : le processus et le produit de ces deux évolutions sont les mêmes ; la différence réside dans leurs causes respectives, qui font identifier dans un cas une « diphtongaison spontanée » et, dans l'autre, une « diphtongaison conditionnée » ; la comparaison avec deux autres langues romanes permet de percevoir cette différence : l'italien, l'espagnol, connaissent la diphtongaison spntanée mais non la

[3] Pour plus de précisions sur les moments respectifs de l'évolution de ces deux voyelles, voir le tableau ci-après et le tableau général donné en fin d'ouvrage.

[4] Ainsi que dans les monosyllabes terminés par une seule consonne ; voir l'exercice n° 3.

[5] Voir les exercices n° 3 et surtout n° 15 ; la diphtongaison conditionnée se produit toujours sous entrave, que celle-ci soit primaire ou non (ex. elle est primaire dans *noctem* ; elle est secondaie dans *folia, melius* : tant que [i] ne s'est pas consonantifié en [j] et que, donc, le [l] n'est pas encore palatal, la voyelle accentuée est en syllabe libre) ; dans les deux cas, c'est la production d'une palatale qui provoque la diphtongaison conditionnée de la voyelle ouverte.

[6] Graphie qui reste la plus lisible à ce stade des révisions de phonétique (par rapport à *mieuz*).

diphtongaison conditionnée, alors que c'est l'inverse pour la langue d'oc (ou provençal) :

ex. – lat. *pĕ́de(m)* > ital. *piede*, esp. *pié*, AF *pié* (diphtongaison spontanée) prov. *pé* (absence de diphtongaison) ;
– lat. *ŏ́pus* > ital. *uopo*, a. esp. *huebos*, AF *ués* (dipht. spontanée) prov. *ops* (absence de diphtongaison) ;
– lat. *hŏ́die* > ital. *oggi*, esp. *hoy* (entrave provoquée par la palatisation du [d], absence de diphtongaison conditionnée).

Il semblerait que ces diphtongues issues de [ɛ] et [ɔ] aient été initialement **descendantes** (accentuées sur le premier élément[7]) avant de devenir, à des époques variables selon chacune d'elles, **ascendantes** (accentuées sur le deuxième élément). Le processus de formation et d'évolution s'en résume ainsi[8] :

Formes communes

	début 3e	?	fin 11e →	16e →
ɛ́ > libre ou devant palatale	[iȩ̯]	(> iẹ̯)	> [je]	↗ [je] en syllabe ouverte ↘ [jɛ] en syllabe fermée
	diphtongaison	réduction d'aperture	balancement d'accent	« loi de position »
graphies		*ie*	*ie*	*ie* *pĕ́de(m) > pié,* *cáelu(m) > ciel,* *pĕtra(m) > pierre*

Formes dialectales

[i]	[e]
(Nord et Est) réduction à l'élément accentué *pĕtra(m) > pirre*	(Ouest, A.N.) réduction à l'élément accentué

7 Ce que tendraient à prouver des réductions de ces diphtongues à leur premier élément, attestées dialectalement : ex. en picard *pirre* pour *pierre*, *murt* pour *muert* ; de même, occasionnellement en ancien français commun, les réductions de triphtongues formées à partir de ces diphtongues : voir la partie c- de cet exercice.

8 Pour les explications afférentes et plus de détails, voir, par exemple, G. Zink, *Phonétique historique...*, p. 53 sq.

Formes communes

	fin 3e		11e	11e →	12e →	16e →
ɔ́ libre ou devant palatale	> [uǫ̯]	? (> uǫ)	> uę	> ɥø	> [ø]	/ [ø] en syllabe ouverte \ [œ] en syllabe fermée
		réduction d'aperture	différenciation	• palatalisation du 1er élément • labialisation du 2e élément • balancement d'accent[9]	monophtongaison	« loi de position »
graphies	*uo*		*ue, oe*		*ue, œ, eu, œu, el*	*eu, œu*

cór > cuor - cuer - cueur - coeur
**pŏtet > puet - poet - peut*

Formes dialectales

[u]
(Nord et Est)
**mŏrit > murt*

Ces diphtongues peuvent se trouver en coalescence avec une semi-voyelle, palatale ou vélaire ; ce qui produit une « triphtongue » (ensemble, prononcé en une seule syllabe, de trois éléments dont un seul est une voyelle)[10]. L'origine de ces [j] et [i̯], de ces [w] et [u̯] sera étudiée plus loin en divers exercices (12, 14 notamment) ; il ne sera question ici que de l'évolution de l'ensemble ainsi produit.

		9e-10e [11] →	Graphies
[ię] + [j] ⇒ [ięi̯] après vocalisation du [j] en [i̯]	>	[i] monophtongaison	*i* *lĕctu(m) > lit* *mĕdiu(m) >mi*

9 Rien ne permet de savoir si les différents points de cette évolution ont été concomitants et, sinon, dans quel ordre ils se sont produits : y a-t-il eu [ýę] puis [ýø] ? ou [we] puis [wø] ?

10 On regroupera sous ce terme de « triphtongue » aussi bien [ięu̯] que le stade suivant [jeu̯] qui correspond, en fait, à [j] + diphtongue [eu̯] comme l'indique d'ailleurs l'évolution ultérieure.

11 Cette monophtongaison n'a pu se produire avant le début de l'affaiblissement du [t] final : celui de *lectu(m) > lit* n'aurait pu rester s'il avait été précédé d'une voyelle ou même d'une semi-voyelle (y comparer, par exemple, *fide(m) > fei > foi*).

[uǫ̯] + [j] ⇒ [uǫ̯i̯] > [yi̯][12] > vers le 13e [ɥi][13] — Graphies : *ui*

- [uǫ̯] + [j] ⇒ [uǫ̯i̯] : après vocalisation du [j] en [i̯]
- > [yi̯][12] : • assimilation de l'élément médian • antériorisation du 1er élément
- > [ɥi][13] (vers le 13e) : • bascule de l'accent = consonantification du 1er élément
- Graphies : *ui* — *nŏcte(m) > nuit, hŏdie > hui*

[ię̯] + {[w][15] / [ɫ]} ⇒ [ię̯u̯] > fin 12e → [jø]

- après vocalisation en [u̯] de l'élément vélaire
- Graphies : *ieu, iel* [14] — *mĕlior > mieudre - mieldre*

[uǫ̯] + {[w][15] / [ɫ]} ⇒ [uǫ̯u̯] (> uǫ̯u̯) ?

- → [jeu̯][16] : • dissimilation des 2 premiers éléments en une palatale + délabialisation du 1er • bascule de l'accent = consonantification du 1er élément
  - fin 12e → [ø] derrière palatale
  - [jø] ailleurs
- → [eu̯][16] : derrière labiale ou vélaire • dissimilation des 2 premiers éléments • bascule de l'accent • effacement du 1er élément
  - [ø] monophtongaison de [eu̯] par labialisation du 1er élément

Graphies
ieu, iel [14] : *jocum > jieu > jeu, locum > lieu, focum > feu*

---

12 L'étape [uęi̯] n'est pas attestée, ce qui ne suffit pas à faire supposer qu'elle n'ait pas existé : la prononciation [yi̯] est prouvée par des assonances voire des rimes en [y] (ex. *luist* : *escut Chanson de Roland*) qui se trouvent encore au 13e siècle : voir la partie c- de ce même exercice.

13 Plus tôt, semble-t-il, derrière [k] et [g].

14 La graphie *el* a pu continuer à être employée même après la vocalisation de [ɫ] en [u̯], voire, après la monophtongaison de [eu̯] en [ø], s'étendre à la notation de tout [ø] (voir exercice n° 11).

15 Ou transformation d'un [u] final en semi-voyelle : ex. *Dĕu(m) > Dieu, fŏcu(m) > lieu, fŏcum > feu* ; sur ce point, voir l'exercice n° 16 n.4.

16 Sans qu'il soit possible de discerner une chronologie entre ces diverses transformations.

Exercice

a- Dans les groupes de formes suivantes, étudiez l'évolution de [ĕ] et [ŏ] latins accentués, en indiquant la nature de la diphtongue qui en est issue (même si elle n'apparaît plus toujours à l'état de diphtongue en français) et en commentant les graphies françaises correspondant à ces évolutions :

*lieu < locu(m), feu < focu(m), mi < mediu(m), lit < lectu(m), hui < hodie, fuelle < folia, uevre-oeuvre < opera, ciel < caelu(m), mieuz <melius, ariere < ad retro, mui < modiu(m), cuir < coriu(m), pui < podiu(m), enui < in odio, uit < octo, hier < heri, fiel < fel, Fourviere < Foro-vetere, lievre < lepore(m), fievre < febre(m), lié < laetu(m), antienne < *antephona.*

b- Soit la forme picarde *mius* (correspondant à la forme commune *mieuz*) < *melius* ; compte tenu de ce qu'un élément accentué ne peut s'effacer, tirez la conclusion que suggère cette forme sur la prononciation de la diphtongue issue de [ɛ].

c- Dans les textes en vers, les assonances (identité de la dernière voyelle accentuée) et les rimes (identité de la dernière voyelle accentuée et de son environnement consonantique/vocalique) révèlent des prononciations que les graphies tendent parfois à masquer.

Commentez les informations que vous fournissent les assonances et les rimes suivantes (indiquées par le signe **:**) sur les prononciations que peut noter la graphie *ui* :

Chanson de Roland (fin du 11e, manuscrits du début du 12e) : *lui* : *plus* : *murs* ; *luist* : *escut* : *fust* ;

Chrétien de Troyes (2e moitié du 12e) : *murmure* : *luire* ; *tue* : *pluie* ;

Rutebeuf (2e moitié du 13e) : *ordure* : *luire* ; *cuide* : *accide.*

EXERCICE 8. – Sur [t] [d] [p] [b] [w] en particulier

(en application de l'exercice 6)

Terminologie :

— entrave ; syllabe libre (ou « ouverte ») vs entravée (ou « fermée »)
— diphtongaison spontanée
— diphtongue descendante, ascendante
— position initiale ; appuyée ; intervocalique ; implosive
— voyelle pénultième atone
— occlusive
— fricative ; spirantisation ; amuïssement[1]
— semi-consonne, semi-voyelle[1]
— « vocalisation »[1]
— sonante[2]

L'évolution de ces consonnes dépend de leur position dans le mot et de la nature des sons contigus, eux-mêmes variables dans le temps ; il importera de mémoriser les détails de ces évolutions respectives en fonction de tous les éléments susceptibles de les déterminer :

— pour toutes ces consonnes :
  - la position initiale ou appuyée ;
  - intervocalique ;
  - implosive.

1 voir les références bibliographiques données dans l'exercice précédent.

2 Sur la définition et les caractéristiques des « sonantes » on consultera notamment l'ouvrage de F. Carton, *Introduction à la phonétique du français*, Bordas, 1974, p. 29-30.

En outre

— pour [t] et [d]

– la position finale derrière consonne ou semi-consonne
derrière voyelle ou semi-voyelle ;

– devant [r] [3] et derrière • voyelle tonique ou diphtongue descendante ;
• voyelle atone ou diphtongue ascendante.

Rem. 1. — On notera la différence (établie clairement à partir du 11ᵉ) entre *fei < fide(m)* et *dreit < directu(m)*, entre *nevou-neveu < nepote(m)* et *mout < multu(m)* : l'effacement de la dentale dans deux cas et son maintien dans les deux autres suffisent à prouver qu'à l'époque de cet effacement les semi-consonnes issues respectivement de [k] et de [l] implosif ne s'étaient pas encore confondues avec la dernière partie d'une diphtongue issue de la dégradation (par diphtongaison spontanée) d'une voyelle accentuée libre) ; en d'autres termes que la « vocalisation » de ces semi-consonnes n'était pas encore opérée.

Rem. 2. — On notera la différence entre *pierre < pĕ́tra(m), larron < latrṓne(m)* et *pere < pátre(m), creire < crḗdere.*

— pour [p] et [b] intervocaliques ou entre voyelle et [r], la conjonction de deux facteurs :

– la place par rapport à l'accent
et
– l'articulation des voyelles ou semi-voyelles contiguës.

[3] Voir la note précédente.

On opposera, par exemple, *leu* < *lŭ́pu(m)* à *louve* < *lŭ́pa(m)* et à *chief* < **cápu(m)*; *devoir* < *debḗre* à *seü* « sureau » < *sabū́cu(m)*.

— pour [w] intervocalique, l'articulation des voyelles contiguës.

On opposera, par exemple, *nouveaus* < *novĕ́llus* à *paon* < *pavṓne(m)*.

Dans l'explication phonétique d'un mot entier (voir exercice n° 10), il importera de ne pas indiquer en bloc l'évolution d'un son dans une position donnée (qui elle-même a pu changer), mais d'en bien distinguer les étapes en tenant compte de la nature des sons environnants et de l'évolution de ceux-ci :
ex. pour le même son [d] intervocalique de *calidu(m)* et de *videre*, il faudra noter que :

— dans le premier cas, il est devenu appuyé (après l'effacement de la voyelle pénultième atone), ce qui en explique le maintien, puis il est devenu final (après l'effacement de la voyelle finale atone), ce qui en explique l'assourdissement ;
— dans le deuxième cas, il a fini par s'amuïr parce que resté intervocalique, mais après une étape de fricative, attestée dans les graphies et qu'il faudra mentionner.

Exercice

a- Dans les groupes de formes suivantes :

1. Dans l'étymon latin indiquez la place de l'accent et la quantité des voyelles, au moins de la voyelle accentuée.

2. Rendez compte de l'évolution (ou de la non-évolution) des consonnes latines [t] [d] et de la semi-consonne [w].

*pareïs < paradisu(m), louer < laudare, queue < coda(m), meür < maturu(m), frere < fratre(m), errer < iterare, carré < quadratu(m), clore < claudere, pierre < petra(m), rire < *ridere, plane < platanu(m), racine < radicina(m), vente < vendita(m), dette < debita(m), conte < comite(m), maussade < male-sapidu(m), reçoit < recipit, reçoivre < recipere, douter < dubitare, vit < vivit, vivre < vivere, sert < servit*

b- Les formes suivantes sont extraites des premiers textes de l'ancien français ; quelles conclusions pouvez-vous en tirer sur la prononciation de consonnes qui ont disparu par la suite ? sur les graphies utilisées pour les transcrire ?[4]

SERMENTS DE STRASBOURG (842 ; manuscrit de la fin du 10e-début du 11e s.)

	Etymon latin	Forme de l'AF classique
aiudha	*adjuta(m)*	*aiüe-aïe*
dift	*debet*	*deit > doit*
fradre	*fratre(m)*	*frere*

VIE (OU SÉQUENCE) DE SAINTE-EULALIE (fin du 9e ; manuscrit du milieu du 10e s.)

presentede	*praesentata(m)*	*presentee*
spede	*spat(h)a(m)*	*espee*
honestet	*honestate(m)*	*honesté*
mercit	*mercede(m)*	*merci*
eskoltet	*a(u)scultat*	*escolte-escoute*

4 On notera l'écart, parfois très grand, entre les époques respectivement supposées pour la composition d'un texte et pour sa mise par écrit ; de ce seul fait, il reste beaucoup d'incertitudes dans l'interprétation des correspondances entre graphies et prononciations.

VIE DE SAINT-ALEXIS (11e ; manuscrit du 12e s.)

	Etymon latin	Forme de l'AF classique
pedre	*patre(m)*	*pere*
maisnede	*ma(n)sionata(m)*	*maisniee-maisnie*
ledece	*laetitia(m)*	*leece*
medisme	**metipsimu(m)*	*meïsme*

c- Dans les formes suivantes de l'ancien français classique, donnez les raisons du maintien ou de l'effacement de la consonne finale ; quel enseignement en tirez-vous sur la nature du son précédent ?

toit < *tectu(m), nuit* < *nocte(m), lit* < *lectu(m), mout* < *multu(m), merci* < *mercede(m), fei* < *fide(m), neveu* < *nepote(m).*

EXERCICE 9. – L'évolution des diphtongues orales[1] à dernier élément palatal : [ei̯], [oi̯] de toute origine, [ai̯]. Leurs graphies

L'exercice porte essentiellement sur les interprétations de graphies ; il suppose connues le détail des évolutions expliquées dans les manuels de phonétique et dont un simple rappel est fait ci-dessous.

Terminologie :

— diphtongue de coalescence, diphtongaison spontanée
— voyelle libre (ou « en syllabe ouverte »)
— (semi-) consonne implosive
— vocalisation, consonantification
— diphtongue descendante, ascendante
— aperture
— dissimilation (ou différenciation)
— digramme

Points à réviser :

— les relations entre graphies et prononciations[2]

---

[1] Pour les nasales, voir exercice n° 17.

[2] Pour une étude systématique générale des relations entre écrit et oral, voir N. Catach, *L'orthographe française. Traité théorique et pratique*, Nathan, 1986 ; l'ouvrage est fondé sur le français moderne. Une bibliographie concernant plus spécialement les graphies médiévales est donnée ici dans l'exercice (n° 19) qui leur est consacré.

Dans le cas de **diphtongues de coalescence**, l'origine de l'élément palatal n'est pas envisagée ici (elle le sera dans l'ex. 14) ; mais ne pas connaître le processus de transformation d'une consonne en yod n'entrave pas le repérage de la diphtongue comme le produit d'une coalescence.

■ **La diphtongue [ei̯]** évolue de la même façon[3], qu'elle ait pour origine la **diphtongaison spontanée** d'une voyelle [e][4] **accentuée libre** ou la **coalescence** entre une voyelle [e] et une semi-voyelle [i̯] issue de la vocalisation d'un [j] implosif. La diphtongue [oi̯], de coalescence, a, en ancien français commun, une évolution qui se confond avec celle de [ei̯]. Les étapes s'en résument ainsi :

Jusqu'au 13 ᵉ siècle

Formes communes

	fin du 11ᵉ → 12ᵉ		?	fin 12ᵉ – début 13ᵉ	
	[ei̯] >	[oi̯] >	[oe̯ > ue̯] >	[we] >	[wɛ]
	différenciation		réduction d'aperture entre les 2 éléments	« balancement de l'accent »	ouverture de la voyelle
graphies	*ei*	*oi*		*oi, oe, oei, oue*	

Formes dialectales

	[ɛ̆] (Ouest, A.N.)	[o] (Nord)
graphies	*ei*, e	*o*

**sapḗre > savoir - savoer - savoeir -saver - savor*

Rem. — En position prétonique, la diphtongue [ei̯], qui ne peut alors être que « de coalescence », a tendu à se réduire à [i] et, pour une même unité lexicale, les

[3] Contrairement, par exemple, à [ou̯] qui a une évolution différente selon son origine ; voir exercice n° 11.

[4] Issue de [ē] ou de la réduction d'une diphtongue [ae̯] ou [oe̯] (voir exercice n° 2).

deux prononciations ont été attestées, graphiées différemment : ex. *preiier* (devenu *proiier*) et *prier* ; *otreiier* (devenu *otroiier*) et *otrier*
– dans l'Ouest et en anglo-normand, la diphtongue [ei̯] a tendu à se réduire à [ɛ] avant l'époque de sa transformation en [oi̯] : ex. *celestre : crestre* (forme commune *croistre*)[5]
– dans le Nord, les diphtongues de coalescence [oi̯] et [ai̯] ont pu se réduire à leur premier élément accentué, soit respectivement à [o] et [a] : ex. *glore* (forme commune *gloire*) < *glṓria(m)*, *fare* (forme commune *faire*) < *fácere*[6].

Entre le 13e et le 18e siècle, trois prononciations ont été attestées :

— [wɛ] graphiée *oi, oie, oe, oue, oei*, puis *oy, ouay*...
(ex. *Parlouer, savoer, savoeir*)
prononciation la plus fréquente et qui sera la seule admise par les grammairiens jusqu'au 18e s.

— [ɛ] graphiée *oi, ai, aie, ei, e*, puis *aye*... (*ai* ne deviendra règlementaire qu'en 1835)
réduction occasionnelle de [wɛ] surtout derrière consonne + [r] ou [l] et derrière labiale (ex. *faire : gloire, moy : may*)
16e -> tend à se limiter aux désinences d'indicatif imparfait (et futur 2 ou « conditionnel ») ; aux suffixes nominaux informateurs de nationalité ou d'essences végétales (ex. *anglais, aunaie*...) ; à quelques mots isolés (ex. *monnaie*)

— [wa] graphiée *oi, oa, oua* (ex. *cortoasie : voar ; hoir : Edwars*)
continuation de l'ouverture de la voyelle derrière [w]
attestée à Paris dans la 2e moitié du 13e s., ne se généralisera et ne sera acceptée par les grammairiens qu'au 18e s.

---

5 Voir M. K. Pope, *From Latin to modern French*... p. 502 § VI.

6 Voir M. K. Pope... p. 488 § VII.

A NOTER :

— la place originelle de l'accent sur la partie initiale de la diphtongue, alors dite **descendante** ; c'est le changement de cette place, lorsque la diphtongue devient **ascendante**, qui entraîne la consonantification en [w] du premier élément de celle-ci

— la pluralité des graphies pour une même prononciation ; la communauté, entre ces diverses prononciations, du digramme *oi*, polyvalent (contrairement à *oa*, non ambigu) mais graphie dominante.

■ **La diphtongue [ai̯]**, toujours de coalescence, aboutit très généralement[7] à un son unique par monophtongaison, mais à des époques différentes selon sa position :

		fin 11e début 12e	12e	16e→
	[ai̯] >	[ɛi̯]	[ɛ] devant consonne[8]	devant [e̥][9]
			[e] en finale absolue	
		réduction d'aperture	monophtongaison	
graphies	*ai*	*ai, ei*	*ai, ei, e*	*fáctu(m) > fait - feit - fet* *plága(m) > plaie*

7 Les exceptions sont les cas d'hiatus avec une voyelle accentuée, où les trois prononciations [ai̯], [ɛi̯], [ɛ] ont pu se maintenir au moins jusqu'au 17e siècle, celle qui s'est imposée étant généralement [ɛi̯] : ex. *pacare* > *payer* [pɛje] ; voir M. K. Pope..., § 531.

8 La tendance à la neutralisation de l'opposition [e/ɛ] est ancienne et les cas d'hésitation entre les deux prononciations sont très nombreux jusqu'aux 16e et 17e siècles. Il s'en trouve une liste importante dans l'ouvrage de M. K. Pope, *From Latin...* p. 197-199 et dans celui de Ch. Marcello-Nizia, *Histoire...* p. 63-64. C'est surtout dans le système verbal que l'opposition a pu rester pertinente, y servant à distinguer les P. 1 respectives de passé défini et d'imparfait (*chantai* vs *chantais*), dans une moindre mesure de futur 1 et futur 2 (*chanterai* vs *chanterais*).

9 Des hésitations subsistent encore pour une même unité lexicale : ex. entre *paye* et *paie*.

Rem. — Contrairement à [ei̯], ce [ɛi̯] issu de [ai̯] ne passe pas à [oi̯] ; les cas particuliers de *orationem* > *oroison, occasionem* > *ochoison,* où [a] est en position de prétonique interne et devant une palatale, ne représentent pas une évolution de [ai̯] (voir exercice n° 15).

L'incidence des transformations phonétiques sur les codes graphiques

En confrontant les aboutissements respectifs des diphtongues précédentes et les graphies qui ont servi à les transcrire, on remarque qu'une même voyelle [ɛ] peut aussi bien être due à l'évolution de [ei̯], de [oi̯], qu'à celle de [ai̯] et que cette voyelle peut être notée *ai, ei, e* (graphies les plus fréquentes) ou *oi*. En effet, les graphies qui ont parfaitement correspondu à une prononciation à un moment donné de l'histoire peuvent continuer à être utilisées même après l'évolution de cette prononciation :

ex. *ai* a commencé par noter [ai̯][10] mais a continué à être utilisée pour noter un [ɛ] issu de [ai̯] ; *ai* représente alors une graphie « **rétrograde** » (ou « **historique** ») ; mais l'usage en est devenu possible pour tout [ɛ] de n'importe quelle origine : *ai* a donc pu noter occasionnellement l'aboutissement d'un [oi̯], soit là où il n'y a jamais eu dans le passé de prononciation [ai̯][11].

Il s'est ainsi créé des équivalences partielles de graphies, dues à des confusions en un même aboutissement de sons

10 Fonctionnant alors comme une graphie « phonétique ».
11 On parle parfois de « graphie inverse » dans ce cas.

initialement différents : ex. *ai, ei, e*, ainsi que *oi*, semblent interchangeables pour noter tout [ɛ] ou tout [e] (ex. *scet : cessoit*), chacune de ces graphies continuant à convenir pour une autre prononciation : ex. *ai* pour [ai̯] (ex. *paien*), *oi* pour [wɛ] puis pour [wa] (ex. *oiseau*).

Les assonances et les rimes d'une part, de l'autre mais dans une moindre mesure, les variations graphiques attestées pour un même élément linguistique, sont les seuls indices qui nous permettent de décoder une partie des graphies médiévales et retrouver quelle prononciation elles transcrivaient. C'est à la recherche de ces correspondances qu'est consacré l'exercice suivant.

Exercice

a- La forme « standard » *droit* connaît diverses variations dans les textes médiévaux. Dans les graphies suivantes, extraites de chartes du 13e siècle[12], regroupez celles qui peuvent correspondre à la même prononciation, que vous essaierez d'identifier :
droet, dret, droyt, droiet, dreit, drait, droeit.

b- Commentez l'emploi des digrammes *ai* et *oi* dans :
estrait (forme de l'ouest) < strictu(m), crai < credo, bailleroi (P. 1 du futur de *baillier).*

12 Voir l'ouvrage d'A. Dees, *Atlas des formes et des constructions des chartes françaises du 13e siècle,* Tübingen, 1980, qui fournit sous forme de cartes la répartition géographique de ces formes (voir cartes nos 146, 255-257).

c- Interprétez les assonances des passages suivants extraits de la *Chanson de Roland* (composée vers la fin du 11e siècle, conservée dans des manuscrits ne remontant pas au-delà du début du 12e siècle) ainsi que les rimes[13] données à leur suite (indiquées par le signe :) ; tirez-en les conclusions possibles sur l'évolution dans l'histoire des prononciations correspondantes :

Dist Blancandrins : « Pa ceste meie destre
E par la barbe ki al piz me ventelet,
L'ost des Franceis verrez sempres desfere.
Francs s'en irunt en France, la lur tere.
Quant cascuns ert a sun meillor repaire,
Carles serat ad Ais, a sa capele... (laisse IV, v. 47-51)
...
« Francs chevalers, dist li emperere Carles,
Car m'eslisez un barun de ma marche,
Qu'a Marsiliun me portast mun message. »
Ço dist Rollant : « Ço ert Guenes, mis parastre. »
Dient Franceis : « Car il le poet ben faire ;
Se lui lessez, n'i trametrez plus saive. »
E li quens Guenes en fut mult anguisables,
De sun col getet ses grandes pels de martre
E est remés en sun blialt de palie.
...
Dist a Rollant : « Tut fol, pur quei t'esrages ?
Ço set hom ben que jo sui tis parastres,
Si as juget qu'a Marsiliun en alge.

Se Deus ço dunet que jo de la repaire,
Jo t'en muvra un si grant contraire
Ki durerat a trestut tun edage. »
...
(laisse XX, v. 274-282, 286-291)[14]

13 De nombreux autres exemples se trouvent dans les ouvrages de M.K. Pope, *From Latin...*, p. 195-199 et, pour le moyen français, de Ch. Marcello-Nizia, *Histoire...*, p. 63.

14 Éd. G. Moignet, Bordas, 1969.

CHRÉTIEN DE TROYES, fin 12e s. *mestre : estre*
ROMAN DE RENART, 13e s. *envoit : ait*
Percehaie : joie

CHRONIQUE RIMÉE, 14e s. *voire : fere*
lairay : croy

2e moitié 15e s.
CHASTELAIN, *benoiste : taste*
VILLON, *Barre : poirre (< pedere)*
estroite : souffrete : Perrete

EXERCICE 10. – Evolution phonétique d'un mot entier : *veoir* < *videre*

(en application d'exercices précédents)

Points à réviser :

— l'évolution du [w] latin à l'initiale
— le cas des voyelles atones à l'initiale

La présentation traditionnellement requise pour l'étude d'un mot entier, à mener de l'étymon latin[1] jusqu'en français moderne, est du type suivant :

EPOQUE	TRANSFORMATIONS PHONÉTIQUES	PRONONCIATIONS	GRAPHIES
		[wĭdē re]	
1er s.	A l'initiale, [w] semi-consonne labio-vélaire > [β] constrictive bi-labiale		
1er-3e s.	Bouleversement vocalique[2] : passage d'une opposition de quantité à une opposition de timbre [ē > e]		
début 3e	[ĭ > e] ; de même pour la voyelle finale atone	[βedére]	
3e s.	A l'initiale, l'articulation de [β] se renforce en [v] labio-dentale	[vedére]	
5e – 6e s.	A l'intervocalique [d] se spirantise en [ð]		
6e s.	[e] accentué en syllabe libre se segmente en [ei̯] par diphtongaison spontanée	[veðei̯re]	

[1] Dans les concours comportant une épreuve de phonétique historique, l'étymon est, depuis quelques années, toujours fourni au candidat.

[2] En fait, le « bouleversement vocalique » englobe deux types de changements, dont un seul est mentionné ici, l'autre étant la création de nouvelles corrélations de longueurs vocaliques, précédant les diphtongaisons spontanées.

Epoque	Transformations phonétiques	Pronon-ciations	Graphies
8e s.	Effacement de la voyelle atone en finale absolue (autre que [a])	[veðei̯r]	
9e s. [3]	Effacement de la consonne [ð] intervocalique (encore notée par *d, dh, th* dans les 1ers textes et plus longtemps en Anglo-normand)		*veder* (10e)
fin 11e	Affaiblissement de [e] atone initial en [ę]	[vęei̯r]	*veeir* A.N. *vetheir*
12e	[ei̯] se différencie en [oi̯] graphié *oi*	[vęoi̯r]	*veoir*
fin 12e-13e	Une réduction d'aperture fait passer [oi̯] à [uę] puis une « bascule » de l'accent sur le deuxième élément de la diphtongue fait se consonantifier le premier, d'où [we] qui s'ouvre en [wɛ], noté *oi* (graphie dès lors « rétrograde »), *oe, oue*	[vęwɛr]	*veoir, veouer*
fin 13e	[wɛ] commence à s'ouvrir en [wa] graphié *oi, o(u)a* (jusqu'au 18e s. les deux prononciations sont attestées, en [wɛ] et [wa] voire une troisième, [ɛ] réduction possible de [wɛ])	[vwɛr] // [vɛr] //	*v(e)oir, v(e)ouer,*
fin 13e-début 14e	Effacement du [ę] en hiatus mais que la graphie peut garder (lettre historique)	[vwar]	*v(e)ouar*
17e	[r] apical passe à [R] dorsal	[vwɛR] [vɛR]	id.
18e	Extension de la prononciation [wa] ; graphie uniformisée	[vwaR]	*voir*

[3] L'époque longtemps admise pour l'amuïssement des spirantes dentales intervocaliques ou finales est la fin du 11e siècle ; mais il a été prouvé que cet amuïssement avait dû se produire beaucoup plus tôt, sans doute dès le 9e à l'intervocalique ainsi qu'en finale derrière [ę], vers le milieu du 10e en finale derrière voyelle accentuée ; voir à ce sujet G. Straka, *Sur la date de l'amuïssement du -t final non appuyé en ancien français,* dans *Travaux de Linguistique et de Littérature*, vol. 4, 1 (Mélanges P. Gardette), 1966, p. 449-468 ; réimprimé dans G. Straka, *Les sons et les mots*, Klincksieck, 1979, p. 423-442 ; voir aussi F. de La Chaussée, *Initiation*... p. 193.

Ce type d'exercice consiste à retracer l'histoire de la prononciation d'une forme dans ses diverses étapes. Aussi l'étude doit-elle à la fois expliquer les évolutions de chaque son et s'ordonner en fonction de la chronologie de ces changements. Pour cela il est conseillé de :

1. Commencer par transcrire l'étymon latin dans l'alphabet phonétique adopté[4] (en veillant à ne pas se laisser abuser par les graphies : ex. dans *videre v* note [w].
2. Placer l'accent dans cet étymon.
3. Indiquer la quantité des voyelles latines, au moins de la voyelle accentuée.
4. Préparer une ébauche – mais qui n'apparaîtra pas dans la présentation finale – de l'architecture générale de l'évolution :
   — en repérant les effacements de voyelles et les conséquences qu'ils ont pu avoir, en les situant dans la chronologie relative de changements voisins ;
   — en repérant les diphtongues et l'origine de celles-ci

   [C'est à ces premières étapes, indispensables, qu'ont correspondu les exercices 1 à 6].
5. Retracer, en la détaillant et l'expliquant[5] l'évolution de chaque son constituant de la forme latine, en tenant compte aussi de la position et de l'évolution des sons environnants[6] ; l'exigence de chronologie entraîne souvent la nécessité de dissocier l'une de l'autre les étapes

[4] Voir p. 11-13.

[5] Pour cela il faut connaître le tableau de classification des sons, la terminologie des changements : un constat de changement ne suffit pas, il faut le nommer.

[6] Ex. [d] intervocalique pendant une période donnée peut ne l'être plus à une époque suivante : ainsi le [d] de *tepidu(m) > tiede* n'évolue-t-il pas comme celui de *videre* ; d'où l'importance du conseil précédent (n° 4).

internes à l'évolution d'un même son[7] : ainsi, dans l'affaiblissement progressif de [d] intervocalique jusqu'à la disparition complète, convient-il de distinguer les époques respectives de la spirantisation en [ð] au 5e et de l'effacement (qui ne s'est sans doute pas produit avant le 9e siècle).

Il est très vivement déconseillé d'apprendre par coeur des reconstitutions de mots entiers (2e colonne à partir de la droite), dont la mémorisation ne sert nullement l'explication phonétique ; en revanche, celle-ci opérée selon le processus

[7] Ce qui représente inévitablement une difficulté, l'apprentissage des évolutions phonétiques se faisant son par son. Une approche préparatoire à cette présentation terminale requise peut consister en une évolution complète de chaque son (correspondant à la mémorisation qui en a été faite) ; mais cette évolution sera à compléter, modifier, affiner en fonction de l'évolution des sons environnants. **A la condition expresse** de réserver la méthode qui suit pour un brouillon et de ne la garder en aucun cas pour la forme terminale de l'étude, on suggèrera de procéder comme suit :

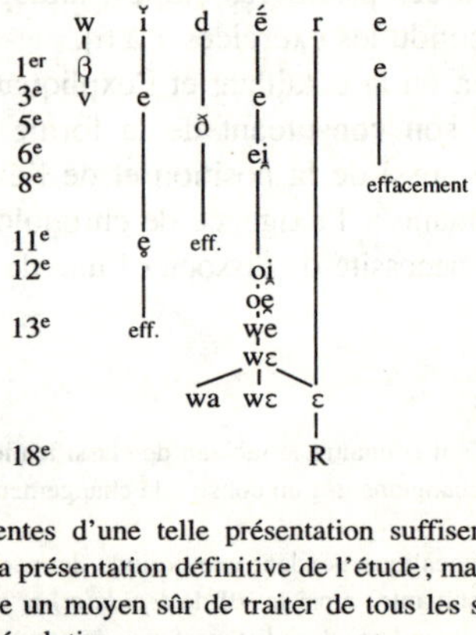

Les limites évidentes d'une telle présentation suffisent à en justifier l'exclusion pour la présentation définitive de l'étude ; mais cette première approche peut être un moyen sûr de traiter de tous les sons et de toutes les étapes de leur évolution.

indiqué et la présentation des changements ordonnée en fonction de leur chronologie relative, il est simple de transcrire ces évolutions en regard de l'explication qui en est donnée.

Exercice

Retracez en entier l'évolution de :
foi < fide(m), doit < debet.

EXERCICE 11. – L'évolution des diphtongues [oṷ] et [eṷ] ; les cas de transformation de [o] en [u] ; leurs graphies

Terminologie:

— voyelle libre, voyelle entravée
— diphtongaison spontanée, diphtongue de coalescence
— graphie rétrograde ou historique[1]

Points à réviser:

— l'évolution de [l] antéconsonantique
— la querelle dite « des ouïstes et des non-ouïstes »

Contrairement à [eḭ], la diphtongue [oṷ] n'a pas eu le même aboutissement selon son origine, son environnement phonétique et selon les aires géographiques où elle est attestée :

■ Si une **diphtongue [oṷ]** est issue de la **diphtongaison spontanée de [o][2] accentué libre**, l'évolution s'en résume comme suit :

[1] Voir les références bibliographiques indiquées dans l'exercice précédent (n°10).

[2] Issu de [o] ou de [u] latin ; la diphtongaison spontanée de [o] fait partie des « deuxièmes diphtongaisons » qui, à partir du 6ᵉ siècle, n'ont touché qu'une partie réduite de la Romania, dont le Nord de la Gaule (mais non le Sud de la Gaule, l'Italie centrale, la péninsule ibérique ni les parties orientales de la Romania) ; voir E. Bourciez, *Eléments de linguistique romane*, Klincksieck, 1967, p. 148-149.

Formes communes
sauf devant labiale[3]

6ᵉ – 7ᵉ	~ 12ᵉ	fin 12ᵉ – 13ᵉ	MF et surtout 17ᵉ
[ou̯]	[eu̯] >	? [œu̯] > [ø]-[œ]	[ø] à la finale [œ] devant consonne autre que [s]
	dissimilation	monophtongaison	« loi de position »

graphies			
	o, ou, ol parfois *eu*	*eu* développée 13ᵉ → *o, ou* *lŭ́pu(m) > leu, hṓra(m) > ore - oure - eure*	*eu*

Formes communes devant labiale
et Formes dialectales
de Champagne + Ouest

[ou̯] > [u]
monophtongaison

graphies	
o, ou, ol *u* (A.N.)	*lŭ́pa > lo(u)ve* *amṓre(m) > amor-amour-amur*

Rem. — Pour l'emploi de *ou* et *ol* dans la notation de [u], voir le paragraphe suivant.

La graphie *o*, étymologique, avait l'avantage de pouvoir être employée partout, chaque région la décodant différemment selon sa prononciation ; elle apparaît généralement dominante dans les aboutissements de *-ore(m)*[4] ex. *seignor* < *seniṓrem.*

[3] [ø] et [u] tendent aussi parfois à se répartir en fonction de certaines finales : ainsi la prononciation [ø] semble-t-elle avoir été plus fréquente dans les aboutissements de la finale latine *-ṓsu(m)* que dans ceux de *-ṓre(m)*, du moins autant que permettent d'en juger les alternances graphiques ; voir à ce sujet A. Dees, *Atlas... textes littéraires...*, cartes nᵒˢ 140, 141-144, 149, 205 et, pour le moyen français, C. Marchello-Nizia, *Histoire...*, p. 69.

[4] Voir aussi la note précédente.

■ **La diphtongue [eu̯], de coalescence,** évolue comme celle qui est l'aboutissement de ce [ou̯] : ex. *capíllus > cheveus* [ʃȩvøs]

Dialectalement[5], [eu̯] peut, par ouverture du [e] en [ɛ] voire en [a], évoluer ou comme [ɛu̯] ou comme [au̯] (voir l'exercice suivant n° 12) :

ex. forme picarde *c(h)aviaus* (forme commune *cheveus*)
formes du picard, du Nord-Est, de l'Est *aus* (forme commune *eus* < *ĭ́llos*).

■ Si **une diphtongue [ou̯]** est due à la **coalescence** d'un [o][6] avec une semi-voyelle vélaire[7], l'évolution s'en résume comme suit :

				12e – 13e	
[o + u̯]	>	[ou̯]	>	[u]	
graphies		*ou, ol*		*ou, o* *u* (A.N.)	*mŭ́ltu(m) > molt-mout-mut*[8]

Cette évolution est aussi parfois celle de [ou̯] issue d'une diphtongaison spontanée dans les cas définis au paragraphe précédent.

Dialectalement, en picard, [ou̯] de coalescence peut, par ouverture du [o] évoluer en [au̯] : ex. forme picarde *caup* // forme commune *coup* < **cŏ́lapu(m).*

5 Voir M. K. Pope... p. 189, § 501-502.

6 Issu d'un [o] comme d'un [ɔ].

7 Elle-même issue de la vocalisation d'un [w] ou d'un [ɫ], voire de la transformation d'une voyelle finale en semi-voyelle (pour les deux interprétations possibles des cas de *locu(m), fagu(m),* voir l'exercice n° 16 n. 4.

8 Dans les graphies du type de *moult* qui se développeront par la suite, *l*, lettre étymologique, est redondante par rapport à *ou*, qui fonctionne déjà comme graphie rétrograde (ou historique).

=> Dès lors que le produit de [oṷ] a pu être [u], la graphie ***ou*** a pu être utilisée pour noter tout son [u] de n'importe quelle origine, même lorsque celui-ci ne venait pas de la réduction d'une diphtongue, comme dans le cas de [o] ou [ɔ] passé à [u] (voir le paragraphe suivant) ; *ol* représente une graphie **rétrograde** (ou **historique**) dans les formes où le [ṷ] est issu d'un [ɫ] antéconsonantique ; mais cette graphie *ol* a pu être étendue à toute diphtongue [oṷ] de n'importe quelle origine (voire à ses aboutissements) : ex. *nevold* « neveu » < *nĕpṓte(m).*

■ **[o]**[9] **accentué entravé, [o] et [ɔ] atones entravés à l'initiale,** se sont fermés en **[u]** à une époque qu'il est difficile de préciser avant l'avènement de la notation par *ou* (sans doute dès le 11e siècle en syllabe initiale, ailleurs peut-être seulement au 13e siècle) : ex. *ŭ́rsu(m) > ours, mŏvḗre > mouvoir, cōláre > couler.*

Mais le maintien de graphies rétrogrades en *o*, la concurrence entre la prononciation [u] et une prononciation « savante » [o] ou [ɔ] – qui aboutit au 16e siècle à la « querelle des ouïstes et des non-ouïstes »[10] – compliquent l'interprétation des graphies jusqu'à l'avènement d'une orthographe[11].

=> La polyvalence est grande des graphies *o* et *ou* voire de *eu* et l'interprétation en est souvent malaisée dans les

9 Issu de [o] ou de [aṷ] latins ; pour [aṷ], voir l'exercice suivant (n° 12).

10 Sur laquelle les informations sont généralement abondantes dans les manuels de phonétique : voir notamment celui de E. et J. Bourciez, *Phonétique française...*, p. 113, § 99.

11 On rappellera que ce terme dénommant un système de graphies unifiées et codifiées, il est préférable, pour les écrits médiévaux, d'employer celui de « graphies ».

textes médiévaux[12]; l'exercice suivant est destiné à vous familiariser avec ces difficultés et à servir d'application aux révisions précédemment faites.

Exercice

a- A propos des couples de formes suivantes :

1. Placez l'accent dans l'étymon latin et indiquez, lorsque c'est possible, la quantité des voyelles latines, au moins de celle qui est accentuée
2. Lorsque l'étymon comporte plus de deux syllabes, repérez les cas d'effacement de voyelles et relevez, à l'occasion, les exceptions aux traitements habituels
3. Repérez les cas où il y a eu production d'une diphtongue et indiquez la nature de celle-ci :

*bouche < bucca(m), clot < claudit, couvent-covent < co(n) ventu(m), demeure < *demorat, demorer-demourer < *demorare, dolor-dolour < dolore(m), douz < dulce(m), estolt-estout < stultu(m), ore-eure < hora(m), poudre < pulvere(m), jor-jour < diurnu(m), loer-louer < laudare, angoissos-angoissous-angoissols-angoisseus-angoissex*[13] *< *angustiosu(m), colp-coup < *colapu(m), couchier < collocare, eus < illos, mortel < mortale(m), nouvel < novellu(m), nourreture < nutritura(m), hume (A.N.) < homine(m).*

12 Sur ce point, voir les ouvrages d'A. Dees, *Atlas des formes et des constructions des chartes françaises au 13e siècle*, Tübingen, M. Niemeyer, 1980, cartes nos 187-188 ; *Atlas des formes linguistiques des textes littéraires de l'ancien français,* ibid., 1987, cartes nos 59, 140-141, 195, 205.

13 La lettre *x* équivaut à *us* derrière voyelle : *angoissex* = *angoisseus.*

b- Étudiez en entier (voir exercice n° 10) l'évolution phonétique de : *neveu* < *nepote(m)*

c- pour chaque couple de formes suivantes, utilisez les rimes (indiquées par le signe :) pour retrouver la ou les prononciation(s) correspondant aux graphies *o, ou, eu*... :

jor : sejour, pastour : tour, sejour : monseigneur, cuers : meurs amourous : courous, anguisseus : seu(l) s, bues : eus
(étymons de chacune de ces formes : *diurnu(m), pastore(m),* dérivé de *tourner* < *tornare, seniore(m), cor, mores, amorosus,* dérivé de *couroucier* < **corruptiare, *angustiosus, solus, *prode, boves, illos).*

EXERCICE 12. – L'évolution des diphtongues [au̯] et [ɛu̯]. Récapitulation sur [eu̯] et [ɛu̯]

Terminologie :

triphtongue, monophtongaison, assimilation, labialisation

Points à réviser :

— l'évolution de [l] et [ʎ] antéconsonantiques[1]

— l'évolution de [k], [g] et [w] intervocaliques devant vélaire

---

■ **La diphtongue [au̯]** évolue différemment selon l'époque de sa formation, parfois aussi en fonction de sa position dans la forme et de son environnement phonétique ; cette diversité de traitements peut se résumer ainsi :

— **[au̯] latine**, vers la fin du 5e siècle[2], se monophtongue en [ɔ] qui, selon sa position dans le mot et par rapport à l'accent, restera [ɔ] ou se fermera en [o] voire jusqu'à [u] :

[1] Voir, en particulier, les explications données dans l'ouvrage de F. de La Chaussée, *Initiation*..., § 7.3.3. ; se reporter aussi à l'exercice n° 6.

[2] Mais après l'évolution de [k]ª initial et appuyé en [t] : ex. *causa(m)* > *chose*.

	fin du 5[e]	11e →	13[e]	
[au̯] latine	> [ɔ]	[o > u]		reste [ɔ] ailleurs
			[o] (> [u] dialectalement)	
		– tonique en finale absolue ou devant [ẹ] – atone en hiatus	devant [s] [z] [v] tonique ou atone	
	monophtongaison (par assimilation réciproque des deux éléments)	fermeture	fermeture	
Graphies		*o, ou, au* *láudet > lo(u)e* *audíre > o(u)ir*	*o, ou, au* *cáusa(m) > chose* *pausáre > poser*	*o, au* *áurum > or* *auricula(m) > oreille*

Rem. — On notera que ces [ɔ] et [o] échappent à la diphtongaison spontanée car ils sont de formation postérieure à celle-ci.

— **[au̯] formée en latin tardif**, par coalescence - aboutissement des finales latines *-agu(m)* et *-avu(m)* [3] – évolue, par labialisation du [a], en [ɔu̯] qui se monophtonguera en [u] vers le 12e siècle

~ 4[e]		avant le 6[e]		12[e]
[au̯]	>	[ɔu̯]	>	[u]
latin tardif		labialisation du [a]		monophtongaison
Graphies				*o, ou* *clávu(m) > clo(u)*

Rem. — : On notera que [ɔu̯] se confond ainsi dans son évolution ultérieure avec [ou̯] < [o] + [ɫ] (voir

[3] Cette évolution est ordinairement expliquée par un effacement de [g] ou [w] intervocalique devant vélaire : voir notamment les ouvrages de F. de La Chaussée, *Initiation*..., § 9. 2. 3. 2., M. K. Pope, *From Latin*..., § 341, 342.

l'exercice précédent n° 11), y compris dans les variantes dialectales[4] :

– [au̯] dans le Nord (ex. *clavu(m)* > forme picarde *clau*, forme commune *clou* ;

– [eu̯] dans le Nord-ouest, vocalisme qui a parfois supplanté l'autre (ex. *paucu(m)* > forme commune *pou*, forme dialectale *peu*).

— **[au̯] française**, diphtongue **de coalescence**, se monophtongue en [o] beaucoup plus tardivement (en moyen français, sauf dans le Nord où cette monophtongaison a dû être plus précoce) et cette évolution n'apparaît pas subordonnée à la position dans le mot :

? à partir du 9e		15e-16e (formes communes)
[a + ɫ] > [au̯] française	>	[o] monophtongaison
Graphies	*au, al, aul*	*álterum > autre - altre - aultre*

Au a toujours été la graphie dominante, ce qui en explique la permanence jusqu'en français moderne ; mais elle a été en concurrence avec *al* et *aul* : ex. *autre // altre // aultre* [5] ; *l* y apparaît comme une lettre étymologique, en redondance avec *u* dans *aul* (les deux lettres correspondant au même son [u̯]).

4 Voir M. K. Pope, *From Latin...* § 549.

5 Voir les ouvrages cités d'A. Dees, *Atlas... des chartes...*, carte n° 119 ; *Atlas... des textes littéraires...*, carte n° 154.

■ **La diphtongue [ɛu̯],** venant **de la coalescence** d'un [ɛ] avec un [u̯] issu de la vocalisation de [ɫ] antéconsonantique[6], aboutit sous l'accent à une triphtongue [ɛ́a̯u̯].

Deux théories rendent compte de l'élément médian de timbre [a] :

— celle d'une diphtongaison tardive du [ɛ] entravé, en [ɛa̯] sous l'influence du son subséquent ;
— celle, la plus généralement admise, d'un son de transition entre deux articulations éloignées, une palatale et une vélaire[7].

Dans cette triphtongue, initialement accentuée sur le premier élément, l'accent est passé sur le deuxième, tendant à provoquer une consonantification en [j] du premier (> jau̯) ; mais cette tendance naturelle, populaire[8], a pu être contrariée et s'est développée concurremment une prononciation [ę̯áu̯] ; les deux derniers éléments ont évolué comme la diphtongue française [au̯] ; d'où deux aboutissements possibles pour la séquence [ɛ+ɫ] devant consonne :

			~ 15ᵉ		fin 16ᵉ →
[ɛ́au̯] > [ę̯áu̯]	[jau̯] graphies *iau, ial, iaul*	>	[jo] graphies *iau, iaul*		
	[ę̯áu̯] graphies *eau, eal, eaul*	>	[ę̯o] graphies *eau, eaul*	>	[o] graphie *eau*

bellus* > *biaus -bials - biax - bias - beaus - beals - beax - beas

---

6 Voir exercice n° 6.

7 Que la vélaire soit [ɫ] ou déjà [u̯] : aucune précision ne peut être apportée à ce sujet, des graphies en *l* ayant perduré bien au-delà de la « vocalisation » de [ɫ] en [u̯].

8 Il s'agit d'une tendance très générale qui n'est pas limitée à l'aire géographique picarde ; voir notamment à ce sujet P. Fouché, *Phonétique historique*..., vol. II, p. 336 ; G. Zink, *Phonétique historique*..., p. 141-142.

On notera que, comme [au̯], les deux derniers éléments de la triphtongue ont assoné en [a] pendant tout le Moyen Age (ex. *reials : beals, chevals : beals*) et ont pu, dialectalement, se réduire à ce vocalisme (ex. *beas, bias...* dans l'Ouest, le Nord-ouest, le Sud-ouest..)

Les graphies *ial, iaul, eal, eaul*, appellent les mêmes commentaires que *al* et *aul* (voir ci-dessus) : ex. *bial-biaul-beal-beaul...*[9]

Exercice

a- Récapitulation sur [eu̯] et [ɛu̯]

Donnez les raisons de l'aboutissement différent de la voyelle latine accentuée dans :

bellus et bella > beaus-biaus, bele
dominicellus et dominicella > damoiseaus-damoisiaus, damoisele
pellis > peaus et pillus > peus, illos > eus.

b- Dans les formes suivantes, étudiez l'évolution des diphtongues [au̯] dont vous donnerez l'origine lorsqu'elles sont de formation postérieure au latin :

*laudas > loes-loues, laudare > loer-louer, clavu(m) > clou, alba(m) > aube, *alemosina(m) > aumosne, clausu(m) > clos, auru(m) > or, *paraula(m) > parole, fallit > faut, calidu(m) > chaut, pauper > pauvre, paucu(m) > pou (peu* dans le Nord et le Nord-ouest), **blavu(m) > blou (bleu* dans le Nord et le Nord-ouest).

c- Étudiez en entier l'évolution de :

nouviaus-nouveaus < novellus
oïr < audire.

9 Voir A. Dees, *Atlas... textes littéraires...*, cartes nos 129, 161.

EXERCICE 13. - Autour du phonème[1] /o/. Récapitulations

En complément de plusieurs exercices précédents, celui-ci vise essentiellement à faire mémoriser les éléments susceptibles d'entraîner des évolutions différentes :

— pour [au̯], l'époque de sa formation et, si la diphtongue est primaire (latine), sa position dans le mot et par rapport à l'accent, ainsi que son environnement phonétique ;
— pour [ou̯], l'origine de la diphtongue (issue d'une diphtongaison de voyelle ou d'une coalescence) et l'aire géographique de son attestation ;
— pour [o] et [ɔ] – dont l'opposition n'est pas toujours restée pertinente – le caractère tonique ou atone, la nature ouverte ou fermée de la syllabe, la position dans le mot, l'environnement phonétique.

Les évolutions respectives de [o] et [ɔ] accentués libres aboutissent, en définitive, au même son [ø] ou [œ] (voir exercices n°s 7 et 11). La seule confrontation des deux graphies extrêmes d'une forme ne permet donc pas toujours de retrouver la quantité d'un [o] latin accentué :

ex. FM *meuble* < *mŏ́bile(m)*, FM *heure* < *hṓra(m)*.

Seules des graphies attestées antérieurement à l'époque de la monophtongaison permettent de retrouver cette quantité ; elles sont donc à mémoriser :

ex. AF *moeble-mueble* ; la graphie ancienne *oe-ue* suffit à retrouver le [ŏ] latin.

[1] Sur la différence entre le phonème – qui reste une abstraction – et le son, respectivement notés entre / / pour le premier, entre [] pour le deuxième, on relira F. Carton, *Introduction...*, p. 11-13.

Toutefois, après la monophtongaison, ces graphies anciennes peuvent perdurer (devenant alors « rétrogrades » ou « historiques ») et *oe-ue* semble avoir été quasiment réservée à l'aboutissement de [ɔ] latin accentué libre : ex. *cuer, mueble, uevre, nuef*... De ce fait, les alternances graphiques sont informatives : en ancien français, la possibilité d'une alternance entre *eu* et *oe-ue* semble se limiter aux aboutissements de [ŏ][2].

Par ailleurs, dans le cas de proparoxytons latins (voir exercice n° 1), la forte tendance à l'abrègement des voyelles initiales (« loi de Fouché », voir exercice n° 5) permet généralement d'indiquer correctement la quantité de la voyelle latine accentuée : ex. *mŏ́bile(m)*.

Dans les verbes, peut être utilisée la forme française de la base tonique :

ex. *trueve* < *trŏ́pat* permet de poser la quantité brève du [o] initial de *trŏpáre* ; de même pour un dérivé : ex. *nuef* < *nŏ́vu(m)* permet de poser *nŏvĕ́llu(m)*.

Exercice

a- Dans les groupes de formes suivantes, où le tiret indique une variation graphique[3] :

1. Placez l'accent dans l'étymon latin et indiquez la quantité au moins de la voyelle tonique ;
2. Repérez les cas de production d'une diphtongue et indiquez-en la nature ;
3. Etudiez, en regroupant les cas identiques, l'évolution du phonème /o/ – sons [o] et [ɔ] de toute origine – et commentez l'emploi des graphies servant à en transcrire l'aboutissement.

[2] Voir A. Dees, *Atlas... chartes...*, carte n° 109.

[3] On n'a toutefois fait figurer cette variation que là où elle aidait à l'exercice.

*aoure < aorat, aorer-aourer < adorare, buef-beuf-boeuf < bove(m), chose < causa(m), clos < clausu(m), corbeille < corbicula(m), cuer-cor < cor, deol-duel < dolu(m), eure < hora(m), flour < flore(m), force < fortia, jone-juene-jeune < *jovene(m), jor < diurnu(m), loer-louer < laudare, trove-trueve < tropat, trover < tropare, muert <*morit, morir < *morire, oreille < auricula(m), poucin < *pullicinu(m), vuelent < volunt, voloir < *volere, peut-puet-poet < *potet, pooir < *potere, fuelle-feuille < folia(m), suer-soeur < soror, mort < morte(m), sovent < subinde, fou < fagu(m), ovre-oevre-uevre-oeuvre < opera(m), veneör < venatore(m), aumosne < *alemosina(m), chaut < calidu(m), chevauchier < caballicare, nuef-neuf < novu(m), pauvre < pauper, gole-gule-goule-geule < gula(m), vo-vou-veu < votu(m), voer < votare.*

b- Etudiez en entier l'évolution de
coude < cubitu(m)
douter < dubitare.

EXERCICE 14. – Les palatalisations consonantiques

Bien que plusieurs de ces transformations de consonnes dépendent en partie des timbres vocaliques contigus en même temps qu'elles en conditionnent l'évolution, les changements concernant les voyelles ont été réservés à l'exercice suivant (n° 15).

L'approche des bouleversements phonétiques appelés « palatalisations » a été entièrement renouvelée par les travaux de G. Straka ; il est donc devenu indispensable de les connaître[1].

Du fait de la masse d'informations à rappeler, une présentation différente des autres a été adoptée pour ce groupe d'exercices : elle vise essentiellement à mettre en valeur, pour en faciliter la mémorisation, les divers éléments qui se révèlent pertinents dans une évolution et qui peuvent eux-mêmes varier selon chaque son.

[1] G. Straka, *Naissance et disparition des consonnes palatales dans l'évolution du latin au français*, dans *Travaux de Linguistique et de Littérature*, vol. 3, n° 1, 1965, p. 117-167 ; réimprimé dans G. Straka, *Les sons et les mots...*, Klincksieck, 1979, p. 295-345. Un tableau-résumé extrait de ces publications est reproduit à la fin de ce recueil.

Dans l'étude de ces phénomènes souvent très complexes, il faudra veiller particulièrement aux points suivants :

— le **terme** lui-même de «**palatalisation**»[2], ceux de «voyelle, consonne, semi-consonne **palatale**», de «consonne **palatalisée**»

— la **conjonction nécessaire** de deux transformations (**renforcement articulatoire** et **déplacement articulatoire**) pour qu'il y ait **«vraie palatalisation»** (voir le tableau ci-joint en fin de recueil)

— les détails de chaque **processus de palatalisation**[3] ; pour les comprendre, il est nécessaire de consulter les tableaux de l'articulation des sons[4]

— ce qui est appelé «**yod de transition**»; les cas de production d'un tel son[5]

— la **«vocalisation» d'un [j] implosif en [i̯]** (voir exercice n° 6)

---

[2] Le terme n'est pas à utiliser pour tout aboutissement à une palatale; par exemple : – le passage d'une voyelle palatale [e] ou [i] atone en hiatus à la semi-consonne palatale [j] ne peut être appelé «palatalisation», mais «consonantification»

– la transformation, à l'initiale, de la semi-consonne palatale [j] en [ꞡ] consonne palatale ne représente pas une «palatalisation», mais un «renforcement articulatoire» ; voir ci-après § 2.

[3] Entre autres, celui qui est appelé «assibilation» (= production d'un son donnant une impression auditive de «sifflement» : [s], [z]) et qui ne concerne que certains cas : voir F. de La Chaussée, *Initiation...*, p. 82-83, § 5.4.2.2.

[4] Voir au début de ce recueil ; on consultera aussi avec le plus grand profit les planches correspondantes de l'ouvrage de G. Straka, *Album phonétique*, Presses de l'Université Laval, 1965 ; reproduites en partie dans le manuel de F. Carton, *Introduction...*, p. 157, 159.

[5] Voir F. Carton, *Introduction...*, p. 162-163, § 2.2.8.3., F. de La Chaussée, *Initiation...*, p. 75-76, § 5.2.4. ; pour les conséquences entraînées par la production de ce son sur les voyelles précédentes, voir exercice n° 9.

Terminologie complémentaire (outre celle qui concerne les palatalisations elles-mêmes)

— diphtongue de coalescence
— intervocalique, position « appuyée »
— proparoxyton, syllabe pénultième
— (semi-)consonne implosive
— vocalisation, consonantification

---

1. Sur /k/ et /g/, [kj] [tj]

On rappellera que :

■ le phonème /k/ a une évolution différente selon qu'il est articulé devant [a] ou devant [e] [i] [6], tandis que /g/ évolue de la même façon devant [a] et devant [e] [i] ; pour chacun de ces environnements, l'évolution dépend aussi de la position de /k/ et /g/ : à l'initiale (ou en position appuyée) elle n'est pas la même qu'à l'intervocalique ni qu'en finale de syllabe (où la consonne est implosive) ; pour [$k^{e,i}$] intervocalique s'ajoute le facteur qu'est la position ou non dans une syllabe pénultième d'un proparoxyton[7].

6 Les cas où [k] est articulé devant [o] [u] ne relèvent pas des palatalisations.

7 Ex. *făcĕre* > *faire* vs *licḗre* > *loisir.*

Il faudra donc distinguer chacun des cas suivants[8] :

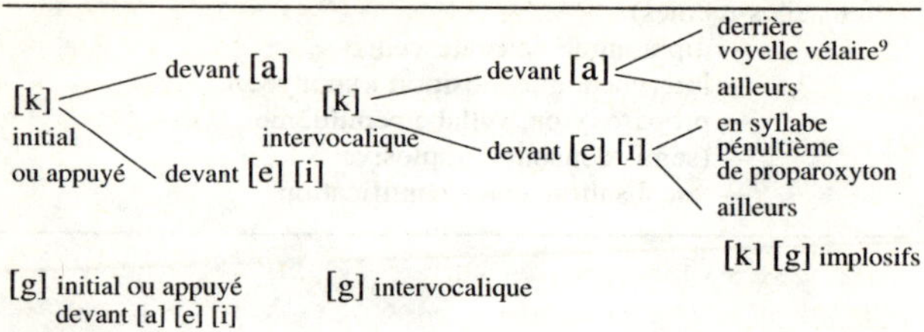

■ le processus le plus complet de palatalisation est représenté par le cas de [k^{e,i}][10], de [kj] et de [tj] avec :
— déplacement de l'articulation dans la zone palatale :
[k > k̮ > t̮] pour [k] ; pour [t] : [t > t̮]
— assibilation (résultat du renforcement articulatoire) :
[t̮ > t̮s̮] ;
— puis [10bis] dépalatalisation : [t̮s̮ > ts].

■ dans le cas de [k^{a}] initial et appuyé, de [g^{a,e,i}] initial et appuyé, la palatalisation est moindre et l'assibilation qui aboutit à [tʃ] et [dʒ] doit correspondre ici au début d'un affaiblissement articulatoire.

■ à l'intervocalique, l'évolution de [kj], sans sonorisation ni dégagement d'un yod de transition, est à distinguer de celles

— de [k^{e,i}] et } avec sonorisation et dégagement
— de [tj] } d'un yod de transition

ex. *fácia(m) > face* vs *vicínu(m) > veisin-voisin, ratióne(m) > raison.*

8 La comparaison entre la forme latine et son aboutissement en français aide généralement à retrouver les multiples différences entre chacune de ces évolutions.

9 Dans ce cas, il n'y a pas de palatalisation, mais un effacement.

10 Seule consonne à connaître une « vraie palatalisation » à l'intervocalique.

10bis Vers la fin du 7e siècle.

■ l'aboutissement [ts], commun à plusieurs évolutions – de [k^{e,i}], [kj], [tj] -, est noté en ancien français par *z* (à la finale) ou *c* (ailleurs) ; au 13e siècle (et plus tôt dans le Nord) [ts] s'est réduit à [s] ; dès lors les graphies *s* et *z*, *s(s)* et *c*, ont pu devenir équivalentes :
ex. *cruce(m) > croiz-crois, facia(m) face-fasse.*

Dans les dialectes du Nord et en anglo-normand[11], la palatalisation a été moindre :
— là où l'aboutissement est [ts] puis [s] dans les formes communes, il est [tʃ] puis [ʃ] dans ces régions ;
— là où l'aboutissement est [tʃ] puis [ʃ] ou [dʒ] puis [ʒ] dans les formes communes, il est [k] ou [g] :
ex. *circare* > f. commune *cerchier* [serʃjer]
Nord, A.N. *cherkier* [ʃerkier]
cantione(m) > f. commune *chanson* [ʃãnsɔ̃n]
Nord, A.N. *canchon* [kanʃɔ̃n].

Exercice

a-
1. Placez l'accent dans l'étymon latin.
2. Repérez les cas où une voyelle s'est consonantifiée en yod.
3. Étudiez, en en précisant les causes, la palatalisation des consonnes y compris dans ses formes dialectales que vous signalerez.

champ < campu(m), bouche < bucca(m), cerchier < circare, chose < causa(m), cose < causa(m), jambe < gamba(m), gent < gente(m), argent < argentu(m), mangier < manducare,

[11] Voir M. K. Pope, *From Latin...*, p. 428-429, § 1 091-1 092, p. 487, § 1.

*perceivre < percipere, merci < mercede(m), douz < dulce(m), mie < mica(m), paiier < pacare, neiier < necare, plaie < plaga(m), roi < rege(m), faire < facere, croiz < cruce(m), plait < placitu(m), voisin < vicinu(m), lance < lancea(m), menace < minacia(m), manechier < *minaciare, braz < brachiu(m), soulaz < solaciu(m), force < fortia, raison < ratione(m), chanson < cantione(m), canchon < cantione(m), chacier < captiare, cachier <captiare, fait < factu(m), droit < directu(m), nuit < nocte(m), lit < lectu(m).*

Le cas de *chartre < carcere(m)*[12] est intéressant pour la chronologie relative des changements concernant la voyelle pénultième et le [k^e] : après avoir placé l'accent dans l'étymon latin, essayez de situer l'époque de l'effacement de la pénultième par rapport aux étapes de la palatalisation du [k] ; montrez les conséquences de cet effacement vocalique sur l'évolution ultérieure de la consonne.

b- Étudiez en entier l'évolution phonétique de :
*oisel < *aucellu(m)* (lat. class. *avicellum)*
palais < palatiu(m).

2. Sur [j] et [dj]

On rappellera que :

■ l'évolution de [dj] dépend de l'époque de sa formation :
— primaire, [dj] > [jj] > [j]
— tardif, [dj] > [ḑ] > [dʒ] plus tard réduit à [ʒ] :
ex. *-áticu(m) > -adiu(m) > -age.*

12 De même celui de *sordre < sŭrgere...*

■ l'évolution de [j] (primaire ou issu de [dj]) dépend de sa position :

— initial — derrière labiale sonore — en position appuyée (sauf derrière [n][13])	[d̯] > [dʒ] plus tard réduit à [ʒ]

— derrière labiale sourde > [t̯] [tʃ] plus tard réduit à [ʃ]

— intervocalique — derrière [n][13]	il reste [j]

■ le passage de [j] à [d̯] (à l'initiale et derrière labiale) et de [d̯] à [j] devant [j]) ne représente pas une palatalisation puisque [j] et [d̯] sont des palatales ; il s'agit d'une variation de l'intensité articulatoire dans le premier cas :

ex. de renforcement articulatoire de [j] initial en [d̯] dans *januariu(m) > janvier.*

> A NOTER : le terme de palatalisation ne convient que pour la formation du groupe [dj], lorsque se consonantifie en [j] la voyelle palatale ([e], [i]) atone en hiatus qui suit [d] : ex. dans *mediu(m)* (prononcé en latin avec trois syllabes), [i] atone en hiatus se consonantifie en [j] qui palatalise le [d] ; celui-ci, évolue en [j] par assimilation.

Exercice

a- Placez l'accent dans l'étymon latin, repérez les cas où une voyelle s'est consonantifiée en [j] et étudiez l'évolution des consonnes ou des semi-consonnes palatales :

*gieu < jocu(m), juer < *jocare, sache < sapia(m), roge < rubeu(m), congié < commeatu(m).*

[13] Ordinairement, mais à quelques exceptions près pour des formes admises comme d'adoption tardive (ex. *extráneum > estrange, líneum > linge...*) ; voir F. de La Chaussée, *Initiation...*, p. 86.

b- Étudiez en entier l'évolution de :
jour < diurnu(m).

A NOTER : [dj], même à l'initiale, a commencé par évoluer en [jj], comme l'attestent quelques graphies latines ; mais, contrairement à ce qui se passe à l'intervocalique, ce changement est à interpréter comme une assimilation du [d] au [j] subséquent.

3.

3.1. Sur [lj] et [kl], [nj] et [ŋn], [rj], [sj] et [ks]

On rappellera que :

■

[lj] [kl] intervocalique }	[ʎ]
[nj] et [ŋn][14] >	[ɲ]
[sj] [ks] intervocalique }	[ş]
[rj] > [ŗ]	

■ Lorsqu'ils deviennent palatalisés, [r] et [s] entraînent toujours le dégagement d'un « yod de transition » [15] :
ex. *fusióne(m) > foison, memória(m) > memoire.*

[14] Soit le groupe où le premier élément est vélaire : ex. latin *lígna, púgnu(m)* ; voir à ce sujet F. de La Chaussée, *Initiation...*, p. 72 § 5.2.2.6.

[15] Voir ci-dessus § 1 et note 5.

■ Sur le dégagement de ce « yod de transition », on veillera aussi à bien différencier :

— [ɲ] dont l'évolution varie suivant la position dans le mot dans les formes communes

de

[ʎ] dont l'évolution est la même en toutes positions[16] ;

— [ɲ] intervocalique, sans dégagement de yod de transition dans les formes communes,

[ɲ] devenu implosif, avec dégagement de yod de transition :

ex. *tripáliu(m)* > *travail* et *batt(u)ália* > *bataille* vs *verecúndia(m)* > *vergogne* mais *púgnu(m)* > *poing*

Dialectalement toutefois[17], il s'observe même devant [ʎ] et [ɲ] intervocaliques le dégagement d'un yod de transition qui forme alors avec la voyelle précédente une diphtongue de coalescence :

— devant [ʎ] dans l'Est et en Champagne : ex. *consíliu(m)* > *consoil* ;

— devant [ɲ] dans l'Est et le Centre sud (dont les formes sont parfois restées en français commun) : ex. *aránea(m)* > *araigne, castánea(m)* > *chastaigne.*

Les graphies risquent souvent d'induire en erreur, les consonnes [ɲ] et [ʎ] pouvant être notées respectivement par *ign* et par *ill* (en concurrence avec *gn, gni, igni, n* et avec *ll,*

16 La tendance de [ʎ] à s'affaiblir en [j], qui peut s'observer dès le 13e siècle, voire la fin du 12e, s'est surtout manifestée à partir du 17e siècle, sans avoir totalement abouti partout.

17 Voir M. K. Pope, *From Latin...*, p. 161-162, § 407-408.

li, illi, l), le *i* graphique ne signalant alors que le trait palatal de la consonne et non une diphtongue (sauf toutefois dans quelques formes dialectales[18]) :

ex. *compaignon-compagnon* [kõmpaɲõn],
merveille-mervelle [merveʎȩ].

Pour éviter les erreurs, on utilisera l'indice fourni par le changement ou le maintien du timbre vocalique précédent : ex. *merveille* < *mirabilia(m)* ; si [ʎ] avait engendré un « yod de transition », celui-ci aurait formé avec la voyelle précédente précédente une diphtongue de coalescence [ei̯] qui aurait évolué en [oi̯] et aurait été graphiée *oi* [19] ; ce qui n'est pas le cas en ancien français commun[20].

Exercice

a- Dans les groupes de formes suivantes, indiquez la place de l'accent latin, lorsqu'il y a lieu signalez les effacements de voyelles entraînant la formation de groupes consonantiques, étudiez la palatalisation des consonnes :
conseil < *consiliu(m), peril* < *periculu(m), genoil* < *genuculu(m), maison* < *ma(n)sione(m), enseigne* < *insignia, seigneur* < *seniore(m), laissier* < *laxare, graindre* < *grandior, greigneur* < *grandiore(m).*

b- Étudiez en entier l'évolution phonétique de :
soleil < *soliculu(m)*
tige < *tibia*
genoil < * *genuculu(m).*

[18] Voir ci-dessus § 3.1. et la note précédente.

[19] Voir exercice n°9.

[20] Voir note 17.

c- Relevez les diverses graphies notant respectivement les sons [ʎ] et [ɲ] en essayant de dégager quelques « lois de position » dans les codes graphiques de l'ancien français :

enging < *ingeniu(m)*, verbe dérivé *engignier* ; *conseil-consel* < *consiliu(m)*, verbe correspondant *conseillier*, P. 3 ind. *conseille-conselle* ; *milie-mile-mille* < *milia* ; *segnour-seignour* < *seniore(m)* ; *viegne-vieigne* < *venia(m)*, P. 1 subjonctif présent, passé défini correspondant *ving* ; *poing-poin-poingn* < *pugnu(m)*.

3.2. Sur [ʎ] et [ɲ] devenus implosifs et articulés devant consonne

L'effacement d'une voyelle atone[21] peut mettre [ʎ] ou [ɲ] au contact avec une autre consonne ; dans les groupes ainsi formés, il y a production d'une dentale qui répond à la définition de l'épenthése[22] ; lorsque la consonne subséquente est [s], la finale obtenue [ts] est généralement graphiée *z* en ancien français ; réduite à [s] au 13ᵉ (plus tôt dans le Nord), elle a pu continuer à être notée par *z* en concurrence avec *s* : ex. *antius* > *ainz-ains* ; dans le cas de [ʎ] il y a, en outre, comme pour [l] non palatal, une « vocalisation » [23] : *travail* + *s* => *travauz-travaus*.

21 Voir exercice n°1.

22 Voir notamment F. Carton, *Introduction...* p. 152-153 et, ici, l'exercice n° 6.

23 Voir exercices nᵒˢ 6 et 12 ; la vocalisation de [l] derrière [i] est limité aux dialectes du Nord : ex. *filius* > *fiuz-fius-fieuz-fieus* (forme commune *fiz-fis*).

Exercice

a- Etudiez en entier l'évolution de :
mieuz < melius, ueil < oculu(m).

Rendez compte de la transformation devant *-s* de flexion, des formes *genoil* et *ueil* en *genouz* et *ieuz.*

b- Vous commenterez les graphies suivantes[24] :
miex-mielz-mielx-mieulx-mieulz-mieuls-mieux -mix.

24 Voir A. Dees, *Atlas... textes littéraires...*, carte n° 500.

EXERCICE 15. – L'influence d'une palatalité consonantique sur les voyelles voisines

Terminologie :

— syllabe libre, entravée
— diphtongaison spontanée, conditionnée,
— diphtongue de coalescence, triphtongue
— consonne intervocalique, en position « appuyée »

Point à réviser :

— l'évolution du [a] accentué libre en [e] derrière consonne autre que palatale et ailleurs que devant nasale ; les deux théories en présence (de fermeture, de diphtongaison)[1]

Une semi-consonne palatale, une consonne palatale ou palatalisée provoque :

■ **sur la voyelle précédente** :

— une entrave (ce qui n'a d'incidence sur l'évolution de la voyelle que si elle est accentuée et originellement en syllabe libre) : ex. *glácea(m) > glace, soláciu(m) > solaz* ;

— si la voyelle est [ɛ] ou [ɔ] accentuée : une diphtongaison conditionnée (voir exercice n° 3) : ex. *ŏ́culu(m) > uel, vĕ́nia(m) > viegne.*

[1] Voir F. Carton, *Introduction...*, p. 180-181.

si la palatale contiguë est un yod, la diphtongue ainsi produite constituera avec cette palatale une triphtongue qui, dans le cas de [uẹ̯i̯] se réduira à [ui̯] puis à [ɥi] vers le 13ᵉ, dans le cas de [iẹ̯i̯] se monophtonguera en [i] vers le 9ᵉ siècle (voir exercice n° 7) : ex. *nǒcte(m) > nuit, mĕdiu(m) > mi* ;

— si la voyelle est [a], [o], [e] et qu'elle devient au contact d'un yod (de toute origine) : formation d'une diphtongue de coalescence (voir exercice n° 9) ;

— si la voyelle est atone et interne[2] : une tendance à la fermeture :
ex. *domĭnĭcélla(m) > damisele*[3],
precáre > preiier-priier,
oratióne(m) > oroison-orison[4].

■ **sur la voyelle suivante** :
— sur [a] atone en syllabe libre : > [ẹ]
ex. *cabállu(m) > cheval* vs *castéllu(m) > chastel* (où le [a] est entravé) ;

— sur [a] ou [e] accentué libre : une évolution particulière qui :
– pour [e] aboutit dès l'ancien français à [i] :
ex. *mercḗde(m) > merci*

Cette évolution a été interprétée :
• ou comme une fermeture de la voyelle en [i] [5] sous l'influence de la palatale précédente ;

2 Dans les dialectes du Nord, la tendance s'observe aussi à l'initiale : ex. *signeur > seniore(m), milleur > meliore(m)* .

3 Le [ĭ] latin est passé à [e] lors du bouleversement vocalique.

4 Le vocalisme attesté [oi̯] doit s'interpréter comme l'aboutissement d'une fermeture du [a] en une voyelle de timbre /e/ qui a formé une diphtongue de coalescence avec le yod de transition issu de la palatalisation du [t].

5 Voir le « trapèze vocalique ».

• ou comme une diphtongaison spontanée en [ei̯] (due à l'accent et à la position en syllabe libre) dont le premier élément se serait fermé sous l'influence de la palatale précédente.

– pour [a] aboutit en ancien français à [iɛ̯] puis [je] ; évolution appelée « loi » ou « effet de Bartsch » :
ex. *cápra(m)* > *chievre, vĭndicáre* > *vengier, cĭrcáre* > *cerchier.*

Cette évolution a été interprétée :

• ou comme la fermeture de la voyelle en [ɛ] (sous l'influence de la palatale précédente) suivie par une diphtongaison spontanée[6], comparable à celle de tout [ɛ] (voir exercice n° 7) ;

• ou (interprétation la plus généralement admise) comme la diphtongaison spontanée en [aɛ̯] (comparable à celle qui a été supposée pour tout [a] accentué libre) suivie par une fermeture du premier élément de cette diphtongue sous l'influence de la palatale.

Un cas particulier de cette évolution du [a] est représenté par la désinence latine *-ata(m)* qui, derrière palatale, aboutit en ancien français commun aussi bien à [jeə̧] graphié *iee* qu'à [iə̧] graphié *ie* :

ex. *mansionata(m)* > *maisniee* [mɛsnjeə̧] et *maisnie* [mɛsniə̧].

Dans les deux formes françaises le [ə̧] final vient du [a] latin final atone (voir exercice n° 1). Pour le premier cas, l'aboutissement de [a] à [je] est conforme à ce qui vient d'être rappelé. Pour le deuxième, l'aboutissement du même [a] à [i] représente, ailleurs que dans cette désinence, une

6 Voir P. Fouché, *Phonétique historique du français*, vol. II, 2e éd., 1969, p. 393.

évolution caractéristique des dialectes du Nord et de l'Est, où toute diphtongue [i̯ẹ] – stade qui a dû ici aussi précéder [je] – a pu se réduire à [i] (voir exercice n° 7).

Dans cette désinence, la réduction à [i] de la diphtongue alors descendante [ịẹ̯] a pu être favorisée par la séquence ainsi obtenue de deux réalisations atones du même phonème : [ịẹ̯ə̯] ; ce qui suffit à expliquer l'extension de cette désinence [iə̯] graphiée *ie*, qui excède de beaucoup les seules aires géographiques citées ci-dessus et qui finit par être employée dans tout le domaine d'oïl[7] : en ancien français commun, une forme comme *maisnie* est même plus courante que *maisniee* et ne peut donc plus être considérée comme une spécificité dialectale.

A partir du 13e siècle, la prononciation [je] s'est, derrière palatale, réduite à [e].

On notera ainsi qu'aboutissent à un même [i] plusieurs évolutions différentes :

— celle de [e] atone (issu de [ĭ], [ē], [a]) interne devant palatale (ex. *damisele*) ;

— celle de [e] accentué libre derrière palatale (ex. *merci*) ;

— celle de [ɛ] accentué libre devant un yod (ex. *mi, lit...*), où il y a à la fois diphtongaison conditionnée en [ịẹ̯] de la voyelle et formation d'une triphtongue [ịẹ̯i̯] puis monophtongaison de celle-ci en [i].

Pour ces deux derniers cas, les seules positions de la voyelle par rapport à l'accent et par rapport à la (semi-) consonne palatale suffisent à faire retrouver la quantité latine.

7 On consultera sur ce point, particulièrement détaillées, les p. 266-268 de P. Fouché, *Phonétique...*, vol. II.

Exercice

a- Pour les groupes de formes ci-dessous :

1. Dans l'étymon latin, indiquez la place de l'accent et la quantité des voyelles, au moins de la voyelle accentuée.
2. Etudiez le processus de formation du [i] français.

mercede(m) > merci, mediu(m) > mi, lectu(m) > lit, pretiu(m) > priz-pris, pejus > pis, dominicella(m) > damisele, occasione(m) > ochison, licere > loisir, vicinu(m) > voisin.

b- Pour les groupes de formes ci-dessous :

1. Dans l'étymon latin, indiquez la place de l'accent et la quantité des voyelles, au moins de la voyelle accentuée.
2. Etudiez la palatalisation consonantique (en révision des exercices n° 14) et son influence sur les voyelles voisines.

jacere > gesir, hodie > hui, nocte(m) > nuit, grandior > graindre, melior > mieudre, sapiatis > sachiez, vindicare > vengier, cambiatu(m) > changié, commeatu(m) > congié, captiata(m) > chacie, laxare > laissier, caballu(m) > cheval, placea(m) > place, tripaliu(m) > travail, solaciu(m) > soulaz, brachia > brace, paria > paire, memoria(m) > memoire, minacia(m) > menace, vermiculu(m) > vermeil, suffixe *-icia(m)* (pour class. *-itia) > -ece.*

c- Etudiez en entier l'évolution phonétique de :

loisir < licere, chaussie < calciata(m), merci < mercede(m) pechié < peccatu(m), pecheör < peccatore(m), nuit < nocte(m).

EXERCICE 16. – Compléments et récapitulations sur les phonèmes /k/ et /g/

Terminologie :
- — palatale, palatalisation (« vraie », « fausse »)
- — position intervocalique, « appuyée », implosive
- — sonorisation, spirantisation, vocalisation, « vélarisation »

Certaines réalisations seulement des phonèmes /k/ et /g/ sont susceptibles de se palataliser (voir l'exercice n° 14) ; d'autres peuvent, selon les positions et les sons contigus, maintenir leur articulation ou s'effacer[1] :

ex. *consíliu(m) > conseil*, mais *lucóre(m) > lueur*

Il conviendra d'étudier dans le détail ces diverses évolutions dont les éléments déterminants sont les suivants :

— en position implosive : évolution très généralement[2] indépendante des autres sons contigus, « fausse palatalisation » [3] en [j] (voir exercice n° 14, § 1.) ;

[1] Peut-être même se transformer en [w] : voir à ce sujet P. Fouché, *Phonétique historique du français*, 2e éd., 1969, vol. II, p. 629 sq ; et, pour le cas, rare, de [g] devant [m], voir ci-dessous note 3.

[2] Sauf dans le cas, rare, où [g] est articulé devant [m] et passe à la semi-consonne labio-vélaire [w] qui se « vocalise » ensuite en [u̯] : ex. *fantagma* (class. *phantasma*) > *fantome* ; voir à ce sujet E. et J. Bourciez, *Phonétique française*... § 134.

[3] Sur cette expression, empruntée aux travaux de G. Straka, voir l'exercice n° 14.

— en position initiale ou « appuyée » : évolution dépendante de l'articulation de la voyelle suivante :
+ vélaire = maintien de la consonne
+ non vélaire = palatalisation variable
- totale devant [e] [i]
- moindre devant [a]

(voir exercice n° 14, § 1.) ;

— en position intervocalique : évolution dépendante d'une conjonction de traits :
- sonorité ([g]) ou non ([k]) de la consonne,
- articulation de la voyelle suivante[4], vélaire ou non,
- dans ce dernier cas, position dans l'ensemble de la forme et par rapport par l'accent (voir exercice n° 14 § 1.).

Exercice

a- Pour les groupes de formes suivantes, indiquez la place de l'accent dans l'étymon latin et rendez compte de l'évolution ou du maintien des consonnes /k/ et /g/ :
calce(m) > chauz (FM *chaux), lactuca(m) > laitue, baca(m) > baie, coxa(m) > cuisse, musca(m) > mouche, blancu(m) >*

[4] Voire de la précédente : entre deux voyelles vélaires, l'évolution de la consonne a été l'objet de deux interprétations, l'effacement ou la transformation en [w] : ex. dans *locu(m) > lieu*, la formation d'un [u̯] final a été interprété ou comme l'aboutissement de la voyelle finale passée à une semi-voyelle (hypothèse actuellement la plus généralement admise ; voir exercice n° 11) ou comme l'aboutissement du [k] qui se serait sonorisé en [g] et spirantisé en [ɣ] puis labialisé et vélarisé en [w] ; la position devenue finale aurait provoqué la « vocalisation » en [u̯], alors que, resté intervocalique, ce [w] se serait effacé : ex. *lucṓre(m) > lueur* ; voir P. Fouché, *Introduction...*, vol. II, p. 631.

blanc, blanca(m) > blanche, focu(m) > feu, manica(m) > manche, focacia(m) > fouace, angustia(m) > angoisse, circulu(m) > cercle, cingula(m) > sangle, periculu(m) > peril, ruga(m) > rue, decanu(m) > deiien (FM doyen), fraxinu(m) > fraisne, tinctura(m) > teinture, punctu(m) > point, frigidu(m) > froit.

b- Etudiez en entier l'évolution phonétique de :
loer < locare
paier < pacare.

EXERCICE 17. – Sur les consonnes nasales et les nasalisations de voyelles ou de diphtongues

Sur ce point aussi, les travaux de G. Straka font autorité, qui sont donc à connaître, directement[1] ou par l'intermédiaire des manuels qui en font état.

Terminologie :

- voyelle (en syllabe) libre
- diphtongaison
- voyelle orale
- intervocalique

Points à réviser :

- les caractéristiques des articulations nasales et le phénomène de la nasalisation[2]
- les époques successives des nasalisations vocaliques
- les évolutions particulières (ou les absences d'évolution) devant consonne nasale de :
  - [a] accentué libre
  - [o] et [ɔ] accentués libres
  - la diphtongue [ei̯]
  - la diphtongue [oi̯]

ainsi que les caractéristiques dialectales

---

1 G. Straka, *Remarques sur les voyelles nasales, leur origine et leur évolution en français*, dans *Revue de Linguistique romane,* t. 19, 1955, p. 245-274 ; article republié dans G. Straka, *Les sons et les mots...*, Klincksieck, 1979, p. 500-531.

2 Voir notamment les descriptions et définitions données dans l'ouvrage de F. Carton, op. cit., p. 29-30, 36-41, 181-185, 238 ; de même dans F. de La Chaussée, op. cit., p. 128, 131-132.

Il ne sera rappelé ici que des faits généraux :

■ Toute consonne nasale a exercé deux influences successives sur la voyelle ou diphtongue précédente[3] :

1. une tendance à la fermeture, qui explique notamment :
   — l'évolution particulière de [a] accentué libre en [ai̯] ;
   — l'absence de trace de diphtongaison pour le [o] accentué libre[4] ;
   — l'absence d'ouverture de [wɛ][5] en [wa].

2. une nasalisation, toujours postérieure aux époques des diphtongaisons, qui a pour effet d'ouvrir la voyelle, ce qui expliquerait notamment :
   — que la diphtongue [ei̯] devant nasale ne se différencie pas en [oi̯][6] ;
   — que [jẽ] ait pu dialectalement s'ouvrir en [jã].

On notera que le terme de « nasalisation » est à réserver pour les voyelles, qui étaient toutes orales originellement.

■ Une seule voyelle a échappé en ancien français commun à la nasalisation : [ę] (ex. les désinences de P. 6 *-ent*).

■ Toutes les autres voyelles ne se sont pas nasalisées à la même époque, même articulées devant une consonne nasale

[3] Parfois, mais exceptionnellement, la voyelle suivante : voir G. Zink, *Phonétique...*, p. 222.

[4] Voire pour le [ɔ] ; voir F. Carton, p. 184.

[5] Sur l'alternance entre deux prononciations [wɛ] et [ɛ], voir E. et J. Bourciez, *Phonétique...*, § 60 rem. I, M. K. Pope, *From Latin...*, § 435.

[6] Voir F. de La Chaussée, p. 131 ; toutefois, cette différenciation s'observe dialectalement dans l'Est, où la nasalisation a dû être plus tardive (voir E. et J. Bourciez, op. cit., § 60 rem. I).

identique ; il a été repéré trois séries de nasalisations successives :

— celles de [a] [e] [ɛ][7] [ai̯] puis [ei̯] au cours du 11e siècle ;
— celles de [o] [je] [oi̯] au cours du 12e siècle ;
— celles de [i] [y] à une époque plus tardive et incertaine, peut-être à la fin du 13e ou au début du 14e siècle.

■ Une fois devenue nasale, toute voyelle a tendu à s'ouvrir :

[ẽ] (parfois [ɔ̃] atone[8]) > [ã]
[ĩ] > [ɛ̃]
[ỹ] > [œ̃]

ce qui a entraîné la création d'équivalences entre graphies : [ã] était initialement noté par *an*, [ẽ] par *en* ; lorsque [ẽ] s'est ouvert en [ã] (fin 11e s.), les graphies *en* et *an* ont pu être utilisées indifféremment pour noter tout son [ã] : ex. *cíngula > sengle-sangle, manducáre > mangier-mengier.*

■ La séquence ainsi obtenue de deux articulations nasales (vocalique et consonantique) semble avoir pu se maintenir jusqu'au 16e siècle en français commun[9], où l'une des deux a alors disparu :

— si la consonne nasale était implosive, elle s'est effacée à cette époque, alors que le trait nasal de la voyelle se maintenait ;
— si la consonne nasale était intervocalique, elle s'est maintenue et c'est le trait nasal de la voyelle qui a disparu, sauf à perdurer régionalement : ex. *vient* [vjɛ̃] vs *viennent* [vjɛn], *année* prononcé désormais [ane] alors que

7 [e] et [ɛ] se sont nasalisés en [ɛ̃] .

8 Ex. *calumniáre > chalengier, domniáriu(m) > dongier-dangier.*

9 Il apparaît toutefois qu'il a pu y avoir des cas d'effacement bien antérieurs à cette époque : voir Ch. Marchello-Nizia, *Histoire...*, p. 88.

l'ancienne prononciation commune [ãne] est devenue régionale.

Exercice

a- Dans les extraits suivants de la *Chanson de Roland* (vers la fin du 11e, manuscrit du début du 12e siècle), examinez les assonances (identité, à la fin du vers, de la voyelle tonique) ; quelles conclusions en tirez-vous sur le caractère nasal ou oral de diverses voyelles et diphtongues à l'époque du texte ; sur les confusions de sons originellement différents provoquées par les nasalisations de voyelles ?

Laisse 31

Tant chevalcherent Guenes e Blancandrins
Que l'un a l'altre la sue feit plevit
Que il querreient que Rollant fust ocis.
Tant chevalcherent e veies e chemins
Qu'en Sarraguce descendent suz un if.
Un faldestoet out suz l'umbre d'un pin ;
Envolupet fut d'un palie alexandrin :
La fut li reis ki tute Espaigne tint ;
Tut entur lui vint milie Sarrazins,
N'i a celoi ki mot sunt ne mot tint,
Pur les nuveles qu'il vuldreient oïr.
Atant as vos Guenes e Blanchandrins.
...

Laisse 96

E Gerins fiert Malprimis de Brigal.
Sis bons escuz un dener ne li valt :
Tute li freint la bucle de cristal,

L'une meitiet li turnet cuntreval;
L'osberc li rumpt entresque a la charn,
Sun bon espiet enz el cors li enbat;
Li paiens chet cuntreval a un quat.
L'anme de lui en portet Sathanas. AOI.
...

Laisse 106

E Oliver chevalchet par l'estor,
Sa hanste est fraite, n'en ad que un trunçun,
E valt ferir un paien, Malun.
L'escut li freint, ki est ad or e a flur,
Fors de la teste li met les oilz ansdous,
E la cervele li chet as piez desuz;
Mort le tresturnet od tut. VII. C. des lur;
Pois ad ocis Turgis e Esturguz:
La hanste briset e esclicet josqu'as poinz.
Ço dist Rollant: « Cumpainz, que faites vos?
En tel bataille n'ai cure de bastun;
Fers et acers i deit aveir valur.
U est vostre espee, ki Halteclere ad num?
D'or est li helz e de cristial li punz.
– Ne la poi traire, Oliver li respunt,
Kar de ferir oi jo si grant bosoign! ». AOI.
...

Laisse 110

La bataille est merveilluse e pesant.
Mult ben i fiert Oliver e Rollant,
Li arcevesques plus de mil colps i rent,
Li. XII. per ne s'en targent nient,
E li Franceis i fierent cumunement.
Moerent paien a millere e a cent;
Ki ne s'en fuit de mort n'i ad guarent;

Voillet u nun, tut i laisset sun tens.
Franceis i perdent lor meillors guarnemenz.
Ne reverrunt lor peres ne lor parenz,
Ne Carlemagne, ki as porz les atent.
En France en ad mult merveillus turment :
Orez i ad de tuneire e de vent,
Pluies e gresilz desmesureement ;
Chiedent i fuildres e menut e suvent,
E terremoete ço i ad veirement.
De seint Michel del Peril jusqu'as Seinz,
Dés Besentum tresqu'as porz de Guitsand,
N'en ad recet dunt del mur ne cravent.
Cuntre midi tenebres i ad granz ;
N'i ad clartet, se li ciels nen i fent.
Hume nel veit ki mult ne s'espoant.
Dient plusor : « Ço est definement,
La fin del secle ki nus est en present. »
Il nel sevent, ne dient veir nient :
Ço est li granz dulors por la mort de Rollant.

(édition G. Moignet, Bordas, 1969)

b- Soit, en ancien français commun, la forme *vindrent* (P. 6 de passé défini du verbe *venir*), aboutissement[10] du latin *venerunt* ; étudiez l'évolution de la consonne nasale [n] et son influence sur les sons environnants.

c- Etudiez en entier l'évolution phonétique de :
*montagne < *montanea, mangier < manducare, voisin < vicinu(m), main < manu(m), singe < simiu(m), vendange < vindemia(m)* .

[10] Qui n'est que partiellement phonétique (le timbre [i] ne l'est pas).

EXERCICE 18. – Comment repérer et identifier les formes dialectales

La plupart des œuvres médiévales nous sont parvenues consignées dans un plus ou moins grand nombre de manuscrits, copiés dans des régions parfois différentes et qui donnent plusieurs images écrites d'un même récit parce que les graphies n'étaient pas encore unifiées ni codifiées[1] et qu'en outre elles pouvaient toujours comporter des traits spécifiquement régionaux, marques d'appartenance[2] à une aire géographique précise.

Le présent exercice entraîne au repérage de ces caractéristiques dialectales, mais se limite aux traits phoniques/graphiques de celles-ci[3].

Points à réviser :

— le mode de transmission des textes médiévaux[4] ; la notion de *scripta*

— la fragmentation dialectale de la France médiévale ; la situation respective des « formes communes » et des

---

1 Voir l'exercice suivant (n° 19), entièrement consacré à ces variations graphiques.

2 Cette « appartenance » étant autant – voire plus – celle de la copie que de la langue du compositeur.

3 Voir aussi l'exercice suivant.

4 Voir notamment M. Gally. C. Marchello-Nizia, *Littératures de l'Europe médiévale,* Magnard, 1985, p. 50-51 ; J. Monfrin, *Le mode de tradition des actes écrits et les études de dialectologie,* dans *Les dialectes de France au moyen âge et aujourd'hui* [Actes du colloque de Strasbourg, 1967] publ.... par G. Straka, Klincksieck, 1972, p. 25-35 ; R.L. Wagner, *L'ancien français. Points de vue. Programmes*, Larousse, 1974, p. 32-36.

« formes dialectales » dans l'état de langue appelé « ancien français »[5] (ou « langue d'oïl)
— les caractéristiques de chaque dialecte[6]

On rappellera que :

■ L'ensemble des traits linguistiques synchrones globalement appelé **« ancien français »**[7] est fait d'une **multiplicité de variables** ; dans cet ensemble, il y a des formes employées dans toutes les régions de langue d'oïl : ce sont les **formes communes** (ou encore « interdialectales »[8]) ; mais une aire géographique limitée peut présenter des

[5] Voir notamment J. Chaurand, *Introduction à la dialectologie française*, Bordas, 1972 ; J. Picoche. C. Marchello-Nizia, *Histoire de la langue française,* Nathan, 1989 (Coll. Nathan-Université), p. 19-26.

[6] Ces caractéristiques respectives sont rassemblées en appendice à la fin de l'ouvrage de M.K. Pope, *From Latin to modern French...*, Manchester University Press, 1934, 2e éd. 1952, p. 486-505 ; pour chacune d'elles, l'aire géographique apparaît précisément délimitée et « visualisée » dans les cartes des deux atlas d'A. Dees (dont les références sont données dans l'exercice suivant, n° 19). Ces caractéristiques sont l'objet d'études distinctes dans chacun des volumes de la collection éditée par le C.N.R.S., *Documents linguistiques de la France (série française)* publiés par J. Monfrin avec le concours de L. Fossier... I. *Chartes en langue française antérieures à 1271 conservées dans le département de la Haute-Marne..* par J.G. Gigot, 1974. II... *Vosges...* par J. Lanher, 1975. III... *Aube, Seine-et-Marne, Yonne...* par D. Coq, 1988 ; ainsi que, publiés par J. Monfrin avec le concours de L. Fossier, *Documents linguistiques de la Belgique romane...* I.... *Hainaut...* par J. Ruelle, 1984. II... *Flandre orientale et Flandre occidentale...* par R. Mantou, 1987.
Sur les dialectes picards du moyen âge sont, en outre, à consulter Ch. Th. Gossen, *Grammaire de l'ancien picard,* Klincksieck, dernière éd. 1976 ; C. Régnier, *Quelques problèmes de l'ancien picard*, dans *Romance Philology,* vol. 14, n° 3, 1961, p. 255-272 (compte-rendu de la première édition de l'ouvrage précédent).

[7] Voir à ce sujet les pages citées de R.L. Wagner, *Ancien français...*

[8] Terme emprunté à J. Picoche et C. Marchello-Nizia (voir n. 5).

régionalismes qui lui sont propres : ce sont les **formes dialectales**, qui se glissent, en des proportions variables selon les textes, dans les formes communes.

■ **Les formes dialectales coexistent toujours avec des formes communes** : il n'existe pas de texte ne comportant que des formes dialectales ; celles-ci, comme les formes régionales actuelles, représentent des marques d'appartenance à une région, mais se trouvent toujours au milieu de formes communes, donc non spécifiquement attachées à cette région[9] et qui restent compréhensibles partout.

■ Les multiples variations graphiques sont loin d'être toutes des marques dialectales (voir l'exercice suivant n° 19) : ex. de la série *miex-mielx-mieux-mieulx-mix* seule la forme *mix* représente une forme dialectale picarde.

Exercice

a- La *Prise d'Orange* (chanson de geste composée à la fin du 12e siècle), est conservée dans trois « familles » de manuscrits (ordinairement désignés par les lettres employées ci-dessous) :

9 Voir à ce sujet les pages qui y sont consacrées, particulièrement justes et claires, de l'ouvrage cité de J. Picoche et C. Marchello-Nizia, p. 20-25 ; la situation ainsi décrite des formes communes et des formes dialectales au moyen âge s'inscrit dans une appréhension de la variation inhérente à toute langue, telle que l'utilisent les recherches actuelles de socio-linguistique, où français standard et formes régionales ne représentent que des variables d'une même langue, interférant au sein du parler d'un même individu.

— AB, peu marquée de traits dialectaux (notamment dans le manuscrit, de la mi-13e, qui a été pris comme base de la transcription reproduite ci-dessous) ;
— C, fortement marquée de traits picards : fin 13e ;
— D, marquée de traits lorrains[10] : fin 13e.

Dans les extraits suivants, vous relèverez et classerez les formes dialectales (en vous limitant aux traits phoniques/graphiques) des manuscrits C et D, que vous situerez par rapport aux formes communes correspondantes (pour lesquelles la version AB peut servir de référence) :

VERSION AB- Laisse 3

Ce fu en mai el novel tens d'esté ;
Florissent bois et verdissent cil pré,
Ces douces eves retraient en canel,
Cil oisel chantent doucement et soëf.
Li cuens Guillelmes s'est par matin levez,
Au moustier vet le servise escouter,
Puis s'en issi quant il fu definez
Et monta el palés Otran le deffaé,
Qu'il ot conquis par sa ruiste fierté.
A granz fenestres s'est alez acouter ;
Il regarda contreval le regné,
Voit l'erbe fresche et les rosiers plantez,
La mauviz ot et le melle chanter.
Lors li remembre de grant joliveté
Que il soloit en France demener ;
Bertran apele : « Sire niés, ça venez.
De France issimes par mout grant povreté,
N'en amenames harpeor ne jugler

10 Pour un relevé précis et commenté de ces diverses caractéristiques dialectales, voir l'introduction à l'édition de C. Régnier, *Les rédactions en vers de la Prise d'Orange,* Klincksieck, 1966, p. 35-49.

Ne damoisele por noz cors deporter.
Assez avons bons destriers sejornez
Et buens hauberz et bons elmes dorez,
Tranchanz espees et bons escuz boclez
Et buens espiez dont li fer sont quarrez
Et pain et vin et char salee et blez;
Et Dex confonde Sarrazins et Esclers,
Qui tant nos lessent dormir et reposer,
Quant par efforz n'ont passee la mer
Si que chascuns s'i peüst esprover !
Que trop m'enuist ici a sejorner;
Ensement somes ça dedenz enserré
Comme li hom qui est enprisonné ».
De grant folie s'est ore dementez:
Ja ainz n'iert vespre ne soleill esconsez
Que il orra une novele tel
Dont il iert mout corrocié et iré.

VERSION C – Laisse 3 (traits picards)

Che fu en mai, que on dit en esté;
Florissent bos, raverdissent cil pré,
Ces ewes douves revienent en canel,
Cil oisel cantent doucement et souef,
Dame qui aime reprent sa volenté,
Li quens Guillelmes est par matin levé,
Au mostier va le service escouter,
Puis s'en issi quant il fu definé,
Monte el palais que il ot conquesté,
Au roi Otran, le paien deffaé.
A granz fenestres est li quens acouté
Et regarda environ et en lé
Et voit les arbres et les rosiers planté;
D'yf et d'auborc, d'oliviers a plenté;
Voit l'erbe vert tot contreval les pres,

Et ot le merle et le malvis delés,
Le ronsignol et l'aloë canter.
Dont li ramembre de ses joliëtés,
De ses enfances que il ot demenés ;
Bertran apele et dist : « Niés, or oés.
De France issimes a mout grant povertés,
N'en amenames herpeor ne jougler,
Ne damoisele ne feme, ce savés,
Dont nos fuissiemes soulascié ne joés.
Assés avons et pain et vin et blé
Et bons chevals, courans et abrievés,
Et bons haubers et bons elmes gemmés,
Trenchans espees et bons escus bouclés ;
Que Diex confonde Sarrazins et Esclers,
Qui tant nos laissent dormir et reposer,
Quant par effors n'ont passee la mer
Si que chascuns se peüst esprover !
Ensement sommes chi dedens enserré
Si com li hom qui est enprisoné. »
De grant folie a ore illuec parlé :
Ja n'ert che vespres ne soleil esconsé
Que tels noveles li seront aconté
Dont il sera courechié et iré.

VERSION D – Laisse 1 (traits lorrains)

Ce vient en mai, que l'an dit en esteit ;
Foillissent gaut, reverdissent cil preit.
Li cuens Guillelmes s'est par matin levés,
Va au mostier por la messe escouter,
. IIII. onces d'or a offert sor l'autel ;
Cant li servisse fut fais et devissés,
Il s'an rist fors, s'ait François apelés ;
El palais monte les maberins degrés.
As grans fenestres s'est li cuens apuiés

Et regarda tout contreval les pres ;
Vit l'erbe fresche et lou rogier plantés
Et l'orïol et la melle chanter.
Del cuer do ventre a li cuens sospiré,
Bertran apelle : « Sire niés, ça venés.
De France issimes par nos grans povretés,
Que n'amenames menestrel ne jugler
Ne belle dame pour nos cors deporter ;
Ans somes ci tout ansanble anserré
Si con li pors en la rende soëf.
Maldahait aient Sarrazin et Escler,
Qui ne nos vienent ci devent cenbeler !
Lors grans batailles avrai tant desiré !
De grant folies s'estoit li cuens ventés :
Ansois lou vespre ne li solas tornés
Car il oront une novelles tex
Dont il seront corrocié et iré,
Et grans paors de testes a coper,
Se Deu n'en pense, c'an la crois fut penés.

(éd. C. Régnier[11])

b- Les passages suivants sont extraits de deux manuscrits (indiqués par les lettres P et C), respectivement de la deuxième moitié (P) et de la fin du 13e siècle (C), contenant le *Lai de Lanval* (composé par Marie de France à la fin du 12e siècle) ; vous essayerez de retrouver à quelle région appartiennent les formes dialectales que vous aurez relevées et classées en vous limitant aux traits phoniques/graphiques :

[11] C. Régnier, *Les rédactions en vers*... (voir note précédente).

P

La pucele entra u palais :
Onques si bele n'i vint mais !
Devant le roi est descendue
Si que de tous fu bien veüe ;
Son mantel a laiscié caïr
Que mix puissent son cors veïr
Li rois, qui mout fu ensegniés,
Il s'est encontre li dreciés
Et tout li autre se leverent
Et de li servir se penerent.
Quant il l'eurent bien esgardée
Et se biauté assés loée
Ele parla en tel mesure
Car de demourer n'avoit cure :
« Rois, g'ai amé. I. tien vassal ;
Veés le la : segnor Lanval ;
Acoisonés fu en ta cort.
Ne voeil mie qu'a mal li tort
De ce qu'il dist, ce saces tu,
Que la roïne a tort eü :
Onques nul jor ne le requist ;
De le vantance que il fist,
Se par moi puet estre aquités,
Par vos barons soit delivrés ».
Ce qu'il en gugeront par droit
Li rois otroie que si soit.
N'i a un seul qui n'ait jugié
Que Lanvax a tout desraisnié :
Delivrés est par lor esgart.
Et la pucele s'en depart,
Ne le pot li rois retenir.
Assés ot gent a li servir.
Fors de la sale avoit on mis

Un grant peron de mabre bis,
U li pesant home montoient
Qui de le cort le roi estoient,
Lanvax estoit montés desus.
Quant la pucele ist fors de l'uis,
Sor le palefroi, derier li,
De plain eslais Lanvax sali ;
O li s'en vait en Avalon,
Ce nos racontent li Breton,
En. I. isle qui mout est biax.
La fu ravis li damoisiax.
Nus n'en oï plus parler
Ne je n'en sai avant conter

C

La pucele entra el paleis :
Unc si bele n'i entra mes !
Devant le rei est descendue
Si ke de tuz fu ben veüe ;
Sun mauntel ad lessé cheïr
Ke meuz la puisse hom veïr.
Li reis, ki mult fu enseignez,
S'est tout cuntre lui drescez
E tut li autre l'onurerent
De lui servir mult se penerent.
Quant tuit l'urent ben esgardé
E sa beuté asez loié
Ele parla en tel mesure
Kar de demorer n'aveit cure :
« Reis, j'ai amé un toen vassal
Veez le la : ce est Launval ;
Acheisoné fu en ta curt.
Ne voil mie ke a mal lui curt
De ce k'il dist, ce saches tu,

Ke la reïne ad tort eü : 620
Unkes nul jor ne la requist ;
Mes de la vantaunce k'il fist,
Si par mei puet estre aquité
Par vos barons seit deliveré ». 624
Ce k'il en jugerunt par dreit
Li reis otrie ke si seit.
Ni ad un sul ki n'eit jugé
Ke Launval ad tut dereisné : 628
Deliverez est par lur agart.
E la dame s'en depart,
Ne la pout li reis retenir.
Asez out gent por lui servir. 632
De hors la sale avoient mis
Un grant peron de marbre bis,
Ou li païsant munteient
Ki de la curt le rei aloient ; 636
Launval est munté de sus.
Quant la pucele vint hors al hus,
sur le palefrei, derere li,
De plein eslés Launval sailli ; 640
Od lui s'en vet en Avalun,
Unc puis nel virent li barun, 641 a
-Atant fine la chaunçun - 641 b
Ce nus dient li Bretun,
En un idle ki mult est beus.
La fu ravi li daunceus. 644
Nus hom n'en oï puis parler
Ne je ne vus sai avant cunter.

(vv. 601-646, transcrits d'après l'édition de J. Rychner[12])

12 Marie de France, *Le lai de Lanval, texte critique et édition diplomatique des quatre manuscrits français* par J. Rychner..., Genève, Droz – Paris, Minard, 1958 (Coll. Textes littéraires français).

EXERCICE 19. – Sur les graphies médiévales, leurs variations, leurs interprétations

La question des relations entre codes écrits et prononciations a déjà été abordée au cours de plusieurs exercices (voir notamment les n°s 9 à 13) ; celui-ci et les suivants y sont entièrement consacrés.

En ancien et moyen français, à une même forme orale pouvaient correspondre diverses formes écrites, variables non seulement d'une région à l'autre mais chez un même copiste : les codes graphiques n'étaient pas unifiés, encore moins normalisés[1] et présentaient des possibilités de variation plus ou moins grandes selon les phonèmes.

Cette particularité des textes médiévaux[2] a été étudiée de façon très détaillée par :

Ch. Beaulieux, *Histoire de l'orthographe*, Paris, Champion, 1927, rééd. 1970.

[1] La conjonction des deux conditions correspondant à la définition de l'« orthographe », qui n'était pas encore instituée ; l'unification des codes écrits, déjà bien amorcée au 15e siècle, a été consacrée avec l'avènement de l'imprimerie ; leur normalisation a été officialisée au 17e siècle ; voir notamment à ce sujet N. Catach, *L'orthographe* (Que sais-je ?), p. 29 sq.

[2] Source de difficultés bien connues, encore aggravées par un certain nombre d'ambiguïtés paléographiques tant que n'ont pas été distinguées par exemple, les lettres *u* et *v*, *i* et *j*, voire *s* antéconsonantique et *f*; sur la paléographie médiévale, on consultera notamment J. Stiennon (avec la collaboration de G. Hasenohr), *Paléographie du Moyen âge,* Paris, A. Colin, 1982, ainsi que *Mise en page et mise en texte du livre manuscrit*, dir. H.J. Martin et J. Vezin, Éd. du Cercle de la Librairie Promodis, 1990, chap. XI, *Le mot, la phrase, l'image*, p. 437 sq.

F. Brunot, *Histoire de la langue française des origines à nos jours*, t. I. *De l'époque latine à la Renaissance*, nouvelle édition, Paris, A. Colin, 1966, chapitre V, *La graphie*, p. 501-551.

Ch. Th. Gossen, *Graphème et phonème: le problème central de l'étude des langues écrites du moyen âge*, dans *Les dialectes de France au moyen âge et aujourd'hui...*, Paris, Klincksieck, 1972 (Coll. Actes et Colloques, n° 9), p. 3-18.

M.K. Pope, *From Latin to modern French... Phonology and morphology*, Manchester University Press, 2e éd., 1952, chap. III *Orthography*, p. 275-293.

Dans les textes littéraires d'une part, de l'autre dans les chartes, ces variations ont été systématiquement inventoriées, comptabilisées, classées, et leur répartition géographique reproduite sous forme de cartes dans deux ouvrages, indispensables désormais pour qui veut étudier les graphies médiévales :

A. Dees, *Atlas des formes linguistiques des textes littéraires de l'ancien français*, Tübingen, M. Niemeyer, 1987 ;

A. Dees, *Atlas des formes et des constructions des chartes françaises du 13e siècle*, Tübingen, M. Niemeyer, 1980.

Pour aborder toute graphie, médiévale comme moderne, dans ses diverses relations possibles avec l'oral, sont à consulter les ouvrages qui, même uniquement fondés sur le français contemporain, révèlent les « lois » et fonctionnements de nos systèmes graphiques :

C. Benveniste et A. Chervel, *L'orthographe*, Paris, Maspéro, 1969, rééd. 1974 ;

N. Catach (avec la collaboration de C. Gruaz, D. Duprez), *L'orthographe française. Traité théorique et pratique, avec des travaux d'application et leurs corrigés*, Paris, Nathan, 1986 (Coll. Nathan-Université) ;

V.G. Gak, *L'orthographe française*, Moscou, 1952, 2e éd. 1959, trad. fr. d'I. Vildé-Lot, Paris, SELAF, 1976.

Pour l'évolution dans l'histoire de ces systèmes graphiques (objet des exercices nos 20-22), on consultera, outre le chapitre indiqué ci-dessus de M.K. Pope :

F. Brunot, *Histoire de la langue française des origines à nos jours,* A. Colin, 1905-1953, 13 vol., nouvelle édition 1966.

N. Catach, *L'orthographe*, PUF, 1978, 4e éd. 1994 (Coll. Que sais-je ?).

J. Chaurand, *Histoire de la langue française,* PUF, 1972.

ainsi que, consacré à l'histoire des graphies et connu sous le sigle DHOF :

N. Catach (dir.) *Dictionnaire historique de l'orthographe française*, Paris, Larousse, 1995.

Pour la période antérieure au 16e siècle :

Ch. Beaulieux (voir ci-dessus).

Pour les 14e et 15e siècles :

Ch. Marchello-Nizia, *Histoire de la langue française aux XIVe et XVe siècles*, Bordas, 1979, 2e partie *« Graphèmes et phonèmes »*, p. 50-94.

Pour le 16e siècle :

N. Catach, *L'orthographe française à l'époque de la Renaissance*, Genève, Droz, 1968.

Pour le 17e siècle :

L. Biedermann-Pasques, *Les grands courants orthographiques au 17e siècle*, Tübingen, M. Niemeyer, 1992.

Pour la période postérieure au 16e siècle :

Ch. Thurot, *De la prononciation française depuis le commencement du XVI^{e}siècle, d'après les témoignages des grammairiens,* Paris, 1881-1883.

Ont été employés ici les termes[3] de :

— graphème, phonogramme, morphogramme, logogramme
— digramme, trigramme
— graphie rétrograde (ou historique)
— graphie étymologique
— signe diacritique

On rappellera que :

■ Une lettre ou un groupe de lettres (**digramme**, **trigramme**...) correspondant à une unité phonique représente un **graphème** : ex. en FM *o*, comme le digramme *au* et le trigramme *eau* sont des graphèmes possibles du son [o].

■ Selon le type de correspondance établie avec les sons, il se distingue plusieurs groupes de graphèmes :

— lorsqu'ils n'apportent d'information que phonétique (= sur les prononciations), ce sont des **phonogrammes** : ex. *o, au, eau* cités ci-dessus ;

— lorsqu'ils apportent en outre (voire à la place) une information morphologique, ce sont des **morphogrammes**, dont la position préférentielle est la fin de morphème, notamment de morphème terminal et qui ont la caractéristique de rester identiques quelles que soient les varia-

[3] Voir notamment N. Catach (en coll. avec C. Gruaz, D. Duprez), *L'orthographe...*, p. 16-17.

tions de leur prononciation[4] : ex. les marques de P. 2 *-s*, de P. 3 *-t*, de P. 6 *-ent*, qu'elles soient ou non prononcées, apportent une information graphique de personne ; le *t* final de *petit*, prononcé seulement en « liaison », assure la permanence de l'image graphique attachée non seulement à l'adjectif mais au lexème, maintenant la relation visuelle avec d'autres constituants du paradigme (ex. *petite, petitesse...*) ;

— lorsqu'ils ne servent qu'à différencier des homophones, ce sont des **logogrammes** : ex. FM *prix-pris, lisse-lice-lys* ; mais il peut y avoir logogramme hors même cette fonction de différenciation : ex. FM *éléphant* et, naguère, *nénuphar* [5].

■ Ces correspondances ont pu varier dans l'histoire du français (voir les exercices nos 20-22) et, dans chacun de ces types de graphèmes, il peut se discerner des lettres qui, à un moment donné, ont noté une prononciation et qui, cette prononciation ayant évolué voire disparu, ont continué à être utilisées : elles ont été appelées graphies **historiques** (ou **rétrogrades**) : ex. le digramme *oi* a, dans le très ancien français, noté une prononciation [oi̯] ; il continue à être majoritairement utilisé pour l'aboutissement [wa] de cette prononciation[6].

On en distinguera les graphies **étymologiques**, lettres gardées ou réintroduites pour fixer la relation d'une forme avec son étymon latin : ex. dans le FM *doigt* [dwa] *oi* est une graphie historique, *gt* une graphie étymologique, établissant

4 N. Catach parle à ce propos de « morphologie clignotante »; voir note précédente, p. 209 sq.

5 Touché par la dernière réforme de l'orthographe.

6 Par rapport à *wa* et *oua*, minoritaires.

une ressemblance avec l'étymon latin *digitum* les deux groupes de lettres ayant aussi une fonction de logogramme.

Exercice

a- Les quelques vers suivants sont extraits du *Conte du Graal*, de Chrétien de Troyes (dont la composition ainsi que la rédaction, exceptionnellement contemporaines, remontent à la deuxième moitié du 12ᵉ siècle) ; vous en tenterez une transcription phonétique et vous commenterez les graphies en repérant, à l'occasion, des « lois de position » qui en gèrent l'emploi.

Que qu'il parloient d'un et d'el,
uns vaslez d'une chanbre vint,
qui une blanche lance tint
anpoigniee par le mileu,
si passe par-entre le feu
et ces qui el lit se seoient,
et tuit cil de leanz veoient
la lance blanche et le fer blanc,
s'issoit une gote de sanc
del fer de la lance an somet
et jusqu'a la main an vaslet
coloit cele gote vermoille.
Li vaslez vit cele mervoille,
qui leanz ert la nuit venuz,
si s'est de demander tenuz
comant cele chose avenoit...

(éd. F. Lecoy[7], v. 3 178-3 193)

7 *Les romans de Chrétien de Troyes édités d'après la copie de Guiot*... t.V, *Le conte du graal (Perceval)*, publié par F. Lecoy, Paris, Champion, 1973 (Coll. Classiques français du moyen âge).

b- Le passage suivant est extrait d'un manuscrit picard, du début du 14e siècle, contenant une copie du *Tristan en prose* (dont les compositions remontent au milieu du 13e siècle). Vous relèverez et classerez les traits phoniques/graphiques caractéristiques de l'aire dialectale où a été copié ce texte. Dans l'ensemble de ces graphies, communes ou dialectales, il s'observe des signes d'évolution de certaines prononciations, entraînant à l'occasion des redistributions de fonctions dans les lettres utilisées ; relevez-en quelques exemples.

Quant li cevalier virent Lanselot, il nel reconnurent de riens pour ce k'il faisoit son escu porter couvert d'une houche vermeille. Et nonpourquant s'il veïssent tout apertement celui escu qu'il portoit adont, si nel reconneüssent il de riens, car il l'avoit fait faire tout nouvelement ne n'i avoit nule entresaingne de son lignage. Pour ce nel reconnurent il pas a cele fois, mais il les reconnut mout bien, tout maintenant k'il vit lour escus, car il reconnissoit bien les entreseignes de l'un et de l'autre. Quant il le voient aprochier d'aus, il s'arestent et atendent tant k'il est venus dusques a aus, si le saluent et il lour rent lour salu mout bel et mout cortoisement. « Sire, font il, qui estes vous ? – Signeur, fait il, je sui uns cevaliers errans, ki vois querant aventures, ensi com li cevalier aventurous le doivent faire. – Et estes vous de la maison le roi Artu ? dient il. – Signeur, fait il, ne vous poist il mie a ceste fois, car a cest point d'ore je ne vous en diroie ne voir ne menchoigne. Et mout vous pri durement que vous ne le tenés a mal. » Et il dient k'il s'en tairont atant, puis k'il voient k'il ne li plaist k'il autre cose lour en die. Mais toutes voies li demandent il : » Sire chevaliers, quel part volés vous cevauchier ? – Signeur, fait il, or sachiés que je vauroie ore estre a l'entree de Soreloys. - Et nous, dient li chevalier, alom autresi cele part tant com nous poom, car cele part avom nous autresi a faire. – Or cevauchom dont, fait il, ensamble, tant que aventure nous face departir. » Et il s'acordent a ceste cose.

(éd. Ph. Ménard,[8] § 2, l. 13-40)

8 *Le roman de Tristan en prose*, t. I, *Des aventures de Lancelot à la fin de la « Folie Tristan »*, édité par Ph. Ménard, Genève, Droz, 1987.

EXERCICE 20. – Lettres et histoire : *z*, *x* ; leurs fonctions successives[1]

Une bibliographie et une terminologie ont été indiquées dans l'exercice précédent (n° 19) ; celui-ci prolonge l'étude des graphies et de leurs correspondances avec l'oral, mais il s'oriente en outre vers les changements intervenus dans les codes successifs du français écrit, où une même lettre a pu occuper des fonctions différentes dans l'histoire.

Aux notions précédemment utilisées on ajoutera celles de « lois de position », d'« archigraphème ».

Exercice

1. **a-** Dans le groupe des formes suivantes, essayez de définir, pour l'état de langue dont elles relèvent, les conditions d'emploi de la lettre *z* correspondant originellement et jusqu'au 13e siècle en ancien français commun à la prononciation [ts] :

czo-ceo,
faz (P. 1 ind. prés.), *faces* (P. 2 subj. prés.), *faciez* (P. 5 subj. prés.), *faiz/fait* (substantif)
vaslez/vaslet, jorz/jorn, fiz/fil, petiz/petit – petites-petite

[1] Je tiens à remercier Simone Monsonégo, directeur de recherche au C.N.R.S. (I.Na.L.F.), pour les renseignements qu'elle m'a fournis sur certains emplois particuliers de *z* en moyen français.

prez/pré, citez/cité, bontez/ bonté, vertuz/ vertu, merciz / merci, oïz/oï-oïes-oïe, laissiez/laissié-laissiees-laissiee, homes, femes...
foiz, priz, paiz, berbiz
preuz, proece
diz (pour *dis* P. 2 ind. prés. de *dire)*

b- Une fois la prononciation [ts] réduite à [s] au 13e siècle (plus tôt dans les dialectes du Nord), les lettres *z* et *s* ont pu devenir équivalentes ; mais de nouvelles fonctions tendent à se développer pour *z*, qui ont varié dans l'histoire et que vous essayerez de définir à travers les formes suivantes :

13e -> *diz-dis* (nom de nombre), *paiz-pais, voiz-vois, priz-pris prez-prés, bontez-bontés, santez-santés, citez-cités...* (parfois -> 18e)[2]
14e : *espouzer-espouser, sizieme-sisieme, nez, rez*
Rimes attestées au 15e *: venuz : nulz, Juifz : pais, filz : fis* (verbe *faire*), *dessoubz : vous*
15e : *hommez*
16e : *petitz, lesquelz.*

Compte tenu de ces fonctions successives de *z*, commentez-en le maintien dans la désinence *-ez* de P. 5 (qui a pu être notée *-es* entre le 13e et le 18e siècle).

2. Mêmes exercices pour ***x*** :

a- *Alexis-Alessis, fixent* (forme dialectale de l'Est) *-fisent*
fin du 12e -> *Diex-Dieus, fox-fols-fous, biax-bials-biaus, chevels-cheveux-chevex*
13e -> *mieux-mieulx-mielx.*

b- MF -> *sis-six, douloureus-douloureux...*
pais-paix, vois-voix.

2 Pour *prés, bontés, santés, cités...* la graphie des manuscrits était, en fait, en *es* ; l'usage de l'accent aigu ici n'est qu'une conformité aux conventions, modernes, adoptées dans les éditions de textes.

EXERCICE 20 bis. – Lettres et histoire (suite) : *e*, parfois « muet »

Certains *e* sont toujours uniquement graphiques, témoins de prononciations révolues et ne correspondent plus à aucun son vocalique ; ce que signifie, en propre, l'expression « *e* muet » : ex. en français contemporain, le *e* de *asseoir, voie,* prononcés respectivement [aswaR], [vwa] ; de même, en français contemporain standard[1], *amie, rouge* (ce dernier en finale absolue) prononcés [ami], [ruʒ].

D'autres *e*, qui ne se confondent pas avec les précédents, ont la caractéristique de pouvoir, pour une même forme de discours, aussi bien être prononcés que ne l'être pas ; ce à quoi correspondent les expressions de « *e* instable », « *e* caduc » : ex. en français contemporain standard, *petit* prononcé [pəti] ou [pti] ; *cheval* prononcé [ʃəval] ou [ʃval].

Dans ce dernier groupe de *e*, la voyclle prononcée – lorsqu'elle l'est – n'est pas une voyelle « neutre »[2], contrairement à ce tendrait à signifier la notation de l'A.P.I. par [ə], mais un son, au reste variable et souvent mal défini, qui a évolué dans l'histoire et qui, maintenant, se rapproche généralement de [ø] ou de [œ], voire de [e] ou de [ɛ].

Echappant à une seule description articulatoire ou acoustique, ces multiples réalisations vocaliques ont un statut phonologique lui aussi indécis : s'agit-il ou non d'un phonème, dont ces réalisations allophones représenteraient l'ensemble des variables ?

[1] Dans les régions de l'Est, *amie* est prononcé avec un [i] long ; *rouge* est prononcé [Ruʒə] en français méridional.

[2] Voir à ce sujet F. Carton, *Introduction*... p. 50-51.

Les exercices qui suivent sont destinés à faire repérer les caractéristiques actuelles de certains *e* et à en faire mémoriser l'histoire, souvent complexe.

> *Remarque sur les notations phonétiques.* — Pas toujours adéquat à la prononciation du français contemporain, le signe [ə] de l'A.P.I. l'est encore moins pour l'ancien français, où cette voyelle, avant de se labialiser parfois en moyen français, devait être proche du *e* final de l'allemand *gabe* ; ici, elle a été notée par le signe [ȩ] emprunté à l'alphabet des romanistes.

Points à réviser

- les origines de [ȩ] en ancien français[3] ; voir aussi les cas, dialectaux, de *e* dit « svarabhaktique »[4]
- les variations de [ȩ] dans l'histoire jusqu'en français moderne
  - la labialisation en moyen français
  - la réforme érasmienne
  - les cas d'effacement
  - les prononciations modernes
- le statut phonologique du « *e* instable »[5]

---

3 Rassemblées dans l'ouvrage d'E. et J. Bourciez, *Phonétique*..., p. 43-44 ainsi que dans celui de P. Fouché, *Phonétique historique du français*, vol. II, *Les voyelles*, Klincksieck, p. 508 sq.

4 Ex. *averai, deverai, baterai*... correspondant à *avrai, devrai, batrai*...

5 Les arguments de la discussion sur ce statut sont rassemblés et examinés dans l'ouvrage de F. Carton, *Introduction*..., p. 63-65 ; des exercices visant à faire discerner ce statut se trouvent dans P.R. Leon, *Prononciation du français standard*, Didier, 1e éd. 1966, p. 68-73.

Exercice 20 bis. 1. Sur la formation de [ẹ̥] dans l'histoire du français

Dans les couples de formes suivantes, après avoir indiqué la place de l'accent dans l'étymon latin, vous repèrerez les cas de production d'un [ę] en ancien français, que vous classerez en fonction de leur origine :

ornement < ornamentu(m), conte < computu(m), pere < patre(m), carrefour < quadrifurcu(m), joue < jocat, pouce < pollice(m), chenu < canutu(m), devoir < debere, rouge < rubeu(m), seror < sorore(m).

Exercice 20 bis. 2. Sur la prononciation, dans l'histoire, de voyelles atones notées *e*

a- En ancien et moyen français

Quel enseignement tirez-vous des rimes riches[6] suivantes (indiquées par le signe :) sur les prononciations de la lettre *e* correspondant à une voyelle atone ?

Roman de la Rose de Jean de Meung (fin 13e)

sera : plaira, de gris : amaigris, anemis : aimis, entrepris : esté pris

Guillaume Cretin (fin 15e – début 16e)

venerye : seigneurie, renom : peu non[7].

6 Seule condition pour que ces rimes soient informatives.

7 Les deux groupes de formes sont cités d'après les ouvrages de M.K. Pope, *From Latin...* § 275 et de Ch. Marchello-Nizia, *Histoire de la langue française...*, p. 73.

b- En français contemporain

Classez les formes suivantes en fonction des différentes prononciations attestées en français contemporain pour les voyelles atones graphiées *e* :

degré, merci, cheval, permettez, céleri, demain, terrible, effet, netteté, demander, secrétaire, essence, ressembler, ressemeler, jeter, jetterai, professeur, message, mettez-le.

Exercices 20 bis. 3. Sur l'absence de prononciation de certains *e* graphiques

On distinguera entre :

■ les effacements, survenus à diverses époques, de voyelles atones [ẹ], dont la graphie par *e* a pu néanmoins perdurer, devenant rétrograde (ou historique) et ne correspondant alors plus à un son vocalique (*e* « muet » proprement dit) :

— entre diphtongue tonique et occlusive dentale, effacement attesté dès les premiers textes littéraires (dès le 11e s.) : ex. *sostendreiet* (*Sainte-Eulalie*, 9e s.) > *sostendreit ;*

— en hiatus devant voyelle accentuée, effacement caractéristique du moyen français : ex. *veoir* devenu en MF prononcé [vwɛr] < [vẹwɛr], MF *seur* prononcé [syr] < [sẹyr]

— immédiatement derrière une voyelle accentuée :

- à l'intérieur d'une forme, effacement attesté à partir du 14e siècle[8] : ex. *loerai, prierai, vraiement* prononcés en deux syllabes,
- à la finale, effacement plus tardif, vers le milieu du 17e siècle ;

[8] Voir Ch. Marchello-Nizia, *Histoire*..., p. 59-60.

— entre consonnes, parfois dès l'ancien français, surtout en moyen français[9] : ex. *carrefour* prononcé [karfur], *forteresse* prononcé [fortrɛs] et parfois écrit *fortresse*[10] ;

— derrière consonne, à la finale absolue, effacement attesté, en français standard non méridional, vers la fin du 17e-début du 18e siècle : *tige* [tiʒ], *belle* [bɛl].

■ les cas où la graphie *e*, permanente, peut on non correspondre à un son vocalique atone, défini comme « instable » ou « caduc » [11], ces variations relevant essentiellement de la phonétique syntaxique (la position dans la chaîne parlée, l'accent de groupe, le rythme...) parfois, en outre, de caractéristiques régionales, ainsi que des divers sociolectes[12] pratiqués par un même locuteur en fonction des situations de communication :

ex. *une petite semaine* [ynp(ə)titsəmɛn], *la semaine prochaine* [las(ə)mɛnproʃɛn].

Ces variations de possibilités ont elle-même changé au cours de l'histoire du français : si l'élision d'un [ȩ] final devant initiale vocalique dans la chaîne parlée a pu se produire dès l'époque de la *Chanson de Roland,* elle ne commence pas à se généraliser avant la fin du 15e siècle ; à l'intérieur d'une forme isolée, la possibilité d'effacement d'un [ȩ] interconsonantique, qui ne commence guère à s'observer qu'à la fin du 12e siècle, s'opèrera surtout en moyen français ; à l'inverse, le *e* dit « svarabhaktique » - forme d'épenthèse vocalique pratiquée par certains dia-

9 Voir Ch. Marchello-Nizia, *Histoire*..., p. 82.

10 Attesté dans Villon, *Le Testament*, v. 869.

11 Noté [ə] en A.P.I. ; voir ci-dessus.

12 Sur l'indice sociolinguistique qu'est la prononciation ou l'absence de prononciation du [ə], voir, outre les ouvrages indiqués en note 5, celui de F. Gadet, *Le français ordinaire*, Paris, A. Colin, 1989, p. 81 sq.

lectes de l'ancien français (Ouest et anglo-normand) ne semble pas avoir eu de valeur syllabique avant le moyen français où, par ailleurs, il peut encore continuer à n'être pas prononcé, indiquant seulement une disjonction à l'intérieur d'un groupe consonantique[13].

Les deux exercices suivants visent à faire réviser ces diverses données, historiques comme du français contemporain.

a- Sur l'histoire de [ȩ] :

Après avoir indiqué la place de l'accent dans l'étymon latin des formes suivantes étudiez-y la formation et l'évolution de [ȩ]

plaie < plaga(m), soie < seta(m), vie < vita(m), serment < sairement < sacramentu(m), armure < armeüre < armatura, veneur < veneour < venatore(m), tiede < tepidu(m), larcin < larrecin < latrociniu(m), prie < precat, carrefour < quadrifurcu(m), voir < veoir < videre, venir < venire, seoir < sedere.

b- Sur le *e* dit « instable » ou « caduc » en français contemporain :

— Transcrivez en alphabet phonétique les diverses prononciations possibles en français contemporain pour les formes ou groupes de formes suivantes.

— Essayez d'y définir quelques[14] « lois de position » pour le *e* « instable » (= les conditions dans lesquelles il peut être prononcé, celles où il l'est toujours, celles où il ne peut jamais l'être) :

1. *Je te parle. Parle-moi de toi*
2. *Que sais-je ? Je ne sais que faire*

13 Voir notamment M.K. Pope, *From latin...*, §§ 972, 1173.

14 Autant qu'on puisse en définir, les très grandes variations observées dans la prononciation du [ə] échappant souvent à la description systématique.

3. *Je le sais parfaitement. Je ne le sais pas. Je ne sais pas*
4. *Il faut que je te dise*
5. *Ce soir. A ce soir. Demain. A demain*
6. *Au revoir*
7. *Pauvre gosse. Pauvre enfant*
8. *Je prends mon petit déjeuner*
9. *Je fais du cheval. A cheval. C'est son cheval de bataille.*
10. *Dans la semaine. Dans une semaine. Cette semaine-ci*
11. *Dessus. Là-dessus*
12. *Je me demande bien ce que tu feras demain. Vous me ferez dix pages*
13. *Jeter. Jetterai. Je vais le jeter. Je t'ai vu*
14. *Ils ne valent rien*
15. *Portefeuille. Porte-monnaie. Porte-clé*
16. *À armes égales*
17. *Chez le coiffeur. Avec le coiffeur.*
18. *Epicerie. Mercerie. Richelieu. Premier. C'est le premier*
19. *On le devine. On l'a deviné*

Exercice 20 bis.4. Sur le statut morphophonologique de [ə]

Le fonctionnement de [ə] n'est clair que dans quelques situations seulement, hors desquelles il peut se discuter (voir ci-dessus, le § d'introduction) ; mais, même lorsqu'il n'est pas prononcé, la présence de *e* « instable » assure le maintien d'autres articulations ; les exercices suivants visent à faire aborder les problèmes concernant le statut de ce [ə] dans les systèmes morphophonologiques du français contemporain.

a- A partir de la liste précédente (ex. 20 bis.3.) à compléter par les formes ci-dessous, essayer de définir dans quelles situations la prononciation du *e* atone a une valeur distinctive :

éclairera, considèrerais, dehors, le hêtre, le un, le haut, le handicap, une tasse à café, de vrais truands.

b- Si vous y ajoutez les prononciations, en français contemporain, des formes suivantes, que pouvez-vous conclure sur le statut morphophonologique du son auquel peut correspondre le *e* graphique final ?

le petit homme, le petit enfant, le petit garçon,
la petite enfant, la petite fille
les petits hommes, les petites enfants, les petites filles

bonne année, bon an mal an, à bon escient, bonne mère, bon Dieu, rond, ronde.

Exercice 20 bis.5

A partir des formes précédemment données ainsi que des suivantes, définissez la fonction de la lettre *e* dans le code graphique du français contemporain :

arrivée, amie, voies, jouerai, éclairera, doute, réveil, réveille, considèrerais, mère.

EXERCICE 21. – Entre scriptas et orthographe : le français écrit au 15e siècle

L'avènement d'une orthographe – qui a institué une graphie non seulement unique mais normalisée pour chaque forme du discours – a été précédé, au cours de la période appelée « moyen français », par un large mouvement d'unification[1] des scriptas médiévales ; celles-ci disparaissent quasiment en tant que telles, tendant à fusionner en un nouveau code graphique qui gagne en extension sinon en simplicité : c'est le moment où les premières réflexions sur une langue qui commence à être perçue comme nationale, associées à une fascination jamais démentie pour les textes latins, ont abouti dans l'écriture du français à un foisonnement souvent outrancier de lettres non prononcées, empruntées au fonds étymologique réel ou supposé[2] : ex. *faict, dict...* où la lettre *c* ne correspond à aucun son. Ce qui donne aux textes de cette époque, du 15e siècle plus particulièrement, une image très caractéristique, qui sera beaucoup simplifiée dans les siècles suivants[3], mais qui a dès lors commencé à généraliser plusieurs de nos graphies actuelles

[1] Sur les causes et les circonstances concomitantes de cette unification, voir notamment C. Marchello-Nizia, *Histoire...*, chap. 1. *En France : le français langue nationale,* p. 16-33, ainsi que la bibliographie donnée p. 17.

[2] Supposé dans, par exemple, *scavoir*, où le *c* est destiné à rappeler le latin *scire*, considéré à tort comme l'étymon de ce verbe français, alors que c'est *sapere.*

[3] Voir l'exercice 22.

(ex. *temps, corps, six, huit,* qui éliminent progressivement *tens, cors, sis, uit...*).

Le présent exercice vise à faire repérer ces nouvelles façons d'écrire le français et à en étudier les fonctions.

On consultera, pour ce faire, dans les travaux indiqués à l'exercice n° 19, ceux qui portent sur le Moyen Age, (première et dernière parties de la liste).

Exercice

Soient deux extraits de textes, l'un, versifié, de Villon (qui écrivait vers le milieu du 15e siècle), l'autre, prosaïque, de Commynes (qui écrivait à l'extrême fin du même siècle).

Vous relèverez et classerez les caractéristiques de ces codes graphiques partiellement nouveaux, en indiquant, pour les lettres non prononcées, leur fonction éventuellement autre qu'étymologisante.

Toutesfois, je n'y pense mal
Pour luy, ne pour son lieutenant,
Aussi pour son official,
Qui est plaisant et advenant;
Que faire n'ay du remenant,
Mais du petit maistre Robert.
Je les ayme, tout d'ung tenant,
Ainsi que fait Dieu le Lombart

Si me souvient bien, Dieu mercis,
Que je feis a mon partement
Certains laiz, l'an cinquante six,

Qu'aucuns, sans mon consentement,
Voulurent nommer Testament ;
Leur plaisir fut et non le mien.
Mais quoy ? on dit communement
Qu'ung chascun n'est maistre du sien.
...

Item, a maistre Jehan Cornu
Autre nouveau laiz lui vueil faire,
Car il m'a tous jours secouru
A mon grant besoing et affaire ;
Pour ce, le jardin luy transfere,
Que maistre Pierre Bobignon
M'arenta, en faisant refaire
L'uys et redrecier le pignon.

Par faulte d'ung uys, j'y perdis
Ung grez et ung manche de houe.
Alors huit faulcons, non pas dix,
N'y eussent pas prins une aloue.
L'ostel est seur, mais qu'on le cloue.
Pour enseigne y mis ung havet ;
Qui que l'ait prins, point ne m'en loue :
Sanglante nuyt et bas chevet !

François Villon, *Le Testament*[4],
éd. A. Longnon-L. Foulet[5],
v. 745-760, 990-1 005

[4] Dans la même œuvre, Villon s'est exercé à un pastiche de l'ancien français ; il est remarquable que la graphie en ait été peu affectée.

[5] François Villon, *Œuvres*, éditées par A. Longnon, 4e éd. revue par L. Foulet, nouveau tirage suivi de notes sur le texte par A. Lanly, Paris, H. Champion, 1982, (coll. Classiques français du Moyen Âge).

Monsieur l'arcevesque de Vienne, pour satisfaire a la requeste qu'il vous a pleu me faire de vous escrire et mettre par memoire ce que j'ay sceu et congneu des faictz du roy Loys unziesme, a qui Dieu face pardon, nostre maistre et bienfaicteur, et prince digne de tres excellente memoire, je l'ay faict le plus pres de la verité que j'ay peu et sceu avoir souvenance.

Du temps de sa jeunesse ne scauroye parler, sinon par ce que je luy en ay ouy parler et dire; mais, depuis le temps que je veins en son service, jusques a l'heure de son trespas, ou j'estoye present, ay faict plus continuelle residence avec luy que nul autre, de l'estat a quoy je le servoye, qui, pour le moins, a tousjours esté de chambellan, ou occuppé en ses grans affaires. En luy et tous autres princes que j'ay congneuz ou servy, ay congneu du bien et du mal, car ilz sont hommes comme nous. Mais quant en ung prince la vertu et bonnes condicions precèdent les vices, il est digne de grand louengc, veu qu'ilz sont plus enclins a toutes choses voluntaires que autres hommes, tant pour la nourriture et petit chastoy qu'ilz ont eu en leurs jeunesses que pour ce que, venans en l'aage d'homme, la pluspart des gens taschent a leur complaire et a leurs complexions et condicions.

Et pour ce que je ne vouldroye point mentir, se pourroit faire que, en quelque endroit de cest escript, se pourroit aulcune chose trouver qui du tout ne seroit a sa louenge....

Philippe de Commynes, *Mémoires*,
éd. J. Calmette[6], p. 1-2

[6] Philippe de Commynes, *Mémoires*, édités par J. Calmette... Paris, Les Belles Lettres, 1re éd. 1924. L'usage actuel des accents (voir l'exercice n° 22) étant postérieur aux textes médiévaux et bien qu'il soit pratiqué par les éditeurs de ceux-ci, n'a été gardé ici, dans la reproduction de l'édition citée, que l'accent aigu de *verité, esté et occuppé*, pour restreindre à l'indispensable les adaptations au code graphique moderne.

EXERCICE 22. – D'orthographe en orthographe : sur les normes graphiques successives

Une fois instituée, l'orthographe n'a cessé d'être réformée[1] en des sens parfois contraires portant les marques des idées qui se sont succédé sur la fonction de l'écrit et ses relations avec l'oral. Les exercices qui suivent visent à faire repérer la nature des changements apportés sur quelques points et l'orientation des réformes dont ils sont issus.

Sur l'institution et l'histoire de l'orthographe française, outre la bibliographie indiquée dans l'exercice 19 on consultera :

N. Catach, *L'orthographe,* Paris, P.U.F., 4e éd. 1994 (coll. Que Sais-je ?)

J. Picoche, C. Marchello-Nizia, *Histoire de la langue française,* Paris, Nathan, 1989, p. 189-213.

N. Catach (dir.), *Dictionnaire historique de l'orthographe française*, Paris, Larousse, 1995.

Sur la réforme actuelle, ses antécédents, ses fondements :

N. Catach, *L'orthographe en débat,* Paris, Nathan, 1991.

A. Goosse, *La « nouvelle orthographe ». Exposé et commentaires,* Paris-Louvain-la-Neuve, Duculot, 1991.

[1] En témoignent les huit éditions du Dictionnaire de l'Académie qui se sont succédé entre 1694 et 1935 ; sur les réformes plus récentes, y compris l'actuelle, voir les ouvrages cités dans la bibliographie indiquée cidessous.

Un ouvrage récent rassemble et commente l'ensemble des travaux publiés sur le sujet :

C. Buridant, J.C. Pellat, *Bibliortho : bibliographie raisonnée de l'orthographe et des systèmes d'écriture*, Presses universitaires de Strasbourg, 1992.

Exercice 22. 1. Accents et autres signes diacritiques

Les accents (aigu, puis grave et circonflexe[2]) n'ont commencé à être utilisés systématiquement[3] pour noter les timbres des voyelles qu'à partir du 16ᵉ siècle ; et c'est seulement au 18ᵉ siècle que cet emploi sera normalisé. Les accents représentent dès lors des signes diacritiques, complémentaires, permettant de signaler pour une même lettre des différences de prononciations. A ce titre, ils ont pu, dans l'histoire des codes écrits du français, se substituer à d'autres signes diacritiques antérieurs. L'objet du présent exercice est d'étudier ces créations voire transferts de marques graphiques.

a- La 3ᵉ édition (1740) du Dictionnaire de l'Académie a remplacé, sans que la prononciation en soit changée : *estre, fenestre, mesme, isle* respectivement par *être, fenêtre, même, île* et *aage, roole, beeler* par *âge, rôle, bêler.*

2 Sur les époques respectives d'apparition de ces signes, voir notamment N. Catach, *L'orthographe en débat...* p. 113-117 ; on consultera aussi M. Grevisse, *Le bon usage...* § 78.

3 L'accent, aigu surtout, était déjà employé dans les manuscrits médiévaux, mais à d'autres fins, notamment pour faciliter, dans des graphies souvent confuses, le repérage des voyelles.

La 4e édition (1762), en règlementant les marques graphiques du pluriel, a remplacé : *amitiez, bontez, prez, trouvez* (part. passé) respectivement par *amitiés, bontés, prés, trouvés.*

A quelles restructurations du code graphique correspondent ces changements ?

b- Soient les séries de formes modernes, dont les graphies ont été établies, pour la plupart, dans la 4e édition du Dictionnaire (1762), règlementant l'utilisation de l'accent grave et du circonflexe :

lève, lèvera, lever
cède, céder, cédons
ruisselle, ruisseler
pèle, peler
achète, acheter
dresse, dresser
reste, rester

mer, mère, maire
mettre, mètre, maître
Michel, Michèle // Michelle

Définissez les lois de position du son [ɛ] (= les conditions dans lesquelles la prononciation est en [ɛ]) ; relevez les diverses graphies qui servent à le noter ; dans le cas d'homophones, définissez les fonctions de cette diversité de graphies.

c- Le dernier texte officiel en date[4] sur l'orthographe apporte, entre autres, les modifications suivantes relatives à l'emploi des accents et des consonnes graphiques doubles :

piqûre => piqure
traître => traitre
plaît => plait
dûment => dument

4 Paru au *Journal officiel* du 6 décembre 1990.

(mais sont maintenus *jeûne, dû* (adjectif), *sûr* (adjectif), *eût* (subjonctif imparfait)

céderai, allégerai => cèderai, allègerai
sécheresse, réglement, céleri => sècheresse, règlement, cèleri
événement => évènement

interpeller => interpeler
dentellière => dentelière
lunettier => lunetier

En mettant les deux groupes de graphies (anciennes et nouvelles) en rapport avec les prononciations du français contemporain et en vous aidant au besoin des raisonnements faits pour les parties a et b de l'exercice, retrouvez les fondements de ces modifications.

Exercice 22. 2. L'intégration des formes étrangères dans les phonèmes et graphèmes du français

L'utilisation par des locuteurs français de formes empruntées à des langues étrangères a toujours entraîné une prononciation de celles-ci plus ou moins adaptée aux phonèmes du français, voire une graphie plus proche du code écrit français; on connaît, empruntés à l'anglais à des époques diverses, la *redingote* (de *riding-coat*), le *chèque* (de *check*), le *partenaire* (de *partner*), tout récemment *gazole* (de *gas-oil*).

La dernière réforme de l'orthographe propose, entre autres, les modifications suivantes:

globe-trotter => globetrotteur
punch [boisson] => ponch
ghilde => guilde
sorgho => sorgo.

Interprétez ces modifications en fonction des prononciations et du système graphique actuels.

Tableau de la chronologie des changements phonétiques

(adaptation en A.P.I. de celui qui a été établi par G. Straka, *L'évolution phonétique du latin au français sous l'effet de l'énergie et de la faiblesse articulatoires*, dans *Travaux de Linguistique et de Littérature*, vol. 2, 1, 1964. réimprimé dans G. Straka, *Les sons et les mots,* Klincksieck, 1979, p. 213-294)

	L'ENERGIE ARTICULATOIRE	LA FAIBLESSE ARTICULATOIRE
changements hérités de l'époque latine archaïque		– apophonie,débuts de la syncope – [w] devant ou après [u],[o] s'efface ; id. entre deux voyelles de même timbre – [ns] > [s], [nf] > [f] – [m] final s'efface – [t] final tend à s'effacer – [e], [o] en hiatus > [i],[u]
époque classique fin de la République	consonantification des voyelles atones en hiatus [i] > [j] , [u] > [w]	 [b] intervocalique > [β]
1er siècle	– géminées : maintien, renouvellement, création : [kt] > [tt] , [ps] > [ss] etc. – voyelle prothétique devant [s] + consonne – durée > timbre – allongement des voyelles accentuées libres – [dj], [gj] > [jj] – [lw] [rw] > [lb], [rb] – [w] initial tend à passer à [β]	

	L'ÉNERGIE ARTICULATOIRE	LA FAIBLESSE ARTICULATOIRE
fin 1er- 2e siècle	– devant [j] palatalisation de [t] [k] [l] [n] [s] – [w] germanique > [g^{w}]	
début et 1re moitié du 3e siècle	– [j] initial > [d̦] – palatalisation de [k^{e,i}], [g^{e,i}] – [ĭ] > [e] – [β] > [v] – [ɛ́] libre > [iɛ̯]	– [g^{e,i}] intervocalique > [j] – voyelles finales des proparoxytons > [ẹ] – [gm] > [u̯m]
fin 3e siècle- début 4e siècle	– palatalisation de [r] devant [j] – épenthèses – [ŭ] > [o] – [ɔ́] libre > [uɔ̯] – derrière labiale, [j] > [d̦]	– devant consonne [k] [g] > [j] – [β^{o,u}] secondaire (< [b]) s'efface – [g] intervocalique, dans le voisinage des voyelles vélaires, s'efface – après [a] [e] [i] et devant [a][g] intervocalique > [j] – [g], devant [u] final s'efface
4e siècle		– [ū] > [u/y]
fin 4e siècle		sonorisations
fin 4e siècle- début 5e siècle		[g^{o,u}] (< [k] intervocalique) s'efface
1re moitié du 5e siècle	palatalisation de [k^{a}] [g^{a}] initiaux et appuyés	– [b] (< [p]) intervocalique > [β] > [v] – après [a] [e] [i] et devant [a], [g] (< [k]) intervocalique > [j]
milieu et 2e moitié du 5e siècle		– [au̯] se monophtongue – après [a] [e] [i] et devant [u] final [g] (< [k]) > [j] – après [o][u] et devant [u] final [g](< [k]) s'efface

	L'ÉNERGIE ARTICULATOIRE	LA FAIBLESSE ARTICULATOIRE
fin du 5e siècle-fin du 6e siècle		– [d] intervocalique > [ð]
6e siècle		– diphtongaisons de [e] [o] [a] – [a] final > [ę]
7e siècle		– voyelles finales devant [s] [t] s'effacent – [t] final non appuyé s'efface – simplification des consonnes géminées – consonnes implosives labiales et alvéodentales évoluent en constrictives puis s'amuïssent – [ɫ] implosif > [u̯] – devant [n], [t] > [s] ou [r]
8e siècle		– voyelles en finale absolue s'effacent
milieu du 11e siècle avant la fin du 11e siècle (à partir du 9e s.)		– [e] > [ę] dans la syllabe initiale – [ð] intervocalique et [θ] finaux non appuyés s'effacent
fin du 11e siècle		– [z] implosif > [h] puis s'efface
12e siècle		– [o] > [u] dans la syllabe initiale – [ɔ] (<[au̯]) en hiatus > [o] > [u] – [r] implosif > [z] ou s'efface – consonnes finales tendent à s'effacer

	L'ÉNERGIE ARTICULATOIRE	LA FAIBLESSE ARTICULATOIRE
fin du 12e siècle		– mi-occlusives > constrictives – tendance de [ʎ] > [j] – [s]implosif > [h] puis s'efface – [e] en hiatus > [i] – [a] en hiatus > [e]
13e siècle	– [i] en hiatus (< [e]) > [j] – nouvelles palatalisations	

CHRONOLOGIE DES PALATALISATIONS

(adaptation en A.P.I. du tableau établi par G. Straka, *Naissance et disparition des consonnes palatales dans l'évolution du latin au français*, dans *Travaux de Linguistique et de Littérature,* vol. 3, 1, 1965, p. 117-167 ; réimprimé dans G. Straka, *Les sons et les mots,* Klincksieck, 1979, p. 295-345

	PALATALISATIONS	FAUSSES PALATALISATIONS renforcement du [j]	 relâchement en [j]
1er siècle (1re moitié)		[dj], [gj] > [jj]	
2e siècle	[nj] [lj] [kj] [tj] [sj] [ssj]		
3e siècle (1re moitié)	[k] appuyé et intervocalique devant [i] [e] [g] appuyé devant [i] [e] groupe [kl]	[j] initial > [ḍ]	de [g] intervocalique devant [i] [e]
fin 3e-début 4e siècle	groupe [gn] [rj]	derrière labiale [j] > [ḍ]	- de [g] intervocalique devant [a] - de [k] [g] devant consonne
5e siècle (1re moitié)	[k] [g] appuyés devant [a]		de [k] intervocalique devant [a]

CORRIGÉS

Exercice 1

Effacement de la pénultième atone : **alemósina(m), cámera(m), cómputu(m), flébile(m), ópera(m), péssimu(m), quáerere, rídere, ásinu(m), dúbitu(m), mánica(m), bíbere*

Effacement d'une prétonique interne autre que [a] : **alemósina(m), bellitáte(m), dominicélla(m)* (effacement de la première prétonique, en syllabe libre), *hospitále(m), simuláre, verecúndia(m)*

Effacement d'une voyelle finale atone autre que [a] : *secúru(m), advocátu(m), diréctu(m), minútu(m), insímul, vicínu(m), novéllu(m)*
bellitáte(m), cadére[1], *dolóre(m), laudáre, simuláre, hospitále(m), suáve(m), audíre, vidére*

Dans *derétro* et *insímul* toutefois, le groupe consonantique entraîne la présence d'un [ẹ] en finale.

Effacement exceptionnel d'une voyelle atone initiale : *diréctu(m)*

Effacement exceptionnel d'un [a] prétonique interne : *mirabília(m)* ; un autre étymon a été supposé : **miribília(m)*

Maintien, sans doute d'ordre analogique, d'une voyelle prétonique interne autre que [a] : *advocátu(m)*

1 Seule cette accentuation peut rendre compte de la forme française *cheoir* ; elle suppose donc un changement, au reste attesté ailleurs et d'ordre analogique (avec les verbes en *-ére*).

Exercice 2

*adṓrat, percĭ́pit, sĕdḗre, secū́ru(m), sḗdet, vĕ́nit, bĕ́ne, bĭ́bit, brĕ́ve(m), práedam > prḗda(m), cáelu(m) >[kɛ́lu], sáeta(m) > sḗta(m), crḗdo, crḗdĕre, cŏ́r, *demṓrat, derĕ́tro, dŏ́lu(m), dḗbet, ĭnsĭ́mul, ĭnvī́dia(m), scrī́ptu(m), scrīptū́ra(m), stḗla(m), hṓra(m), lĭ́bru(m), mī́ca(m), nĕ́pos, nĕpṓte(m), ŏ́pera(m), audī́tu(m), pĕ́de(m), pḗ(n)sat, quáerit > [kwɛ́rit], manḗre, rĕ́m, rī́dĕre, sĭmuláre, *trŏ́pat, vĭdḗre, vī́ta(m), vĭ́a(m)*

Exercice 3

*angoisse < angŭ́stĭa(m), veie-voie < vĭ́am, veeir-veoir < vĭdḗre, aumosne < *alemṓsina(m), vient < vĕ́nit, conseil < consĭ́liu(m), meilleur-meilour < meliṓre(m), damoisele < *domĭnĭcĕ́lla(m), autre < álter,*
lié < [lɛ́tu] < láetu(m), teit-toit < tḗctu(m), fait < fáctu(m), jour < diŭ́rnu(m), rei < rḗge(m), roïne < regī́na(m),
pié < pĕ́de(m), receivre < recĭ́pere, dreit-droit < dĭrḗctu(m) < dīrḗctu(m), merveille < mĭrabĭ́lia(m) < mīrabĭ́lĭa(m), fueille < fŏ́lia(m),
ueil < ŏ́culu(m), beivre-boivre < bĭ́bĕre, poison< potiṓne(m), grief < grĕ́ve(m), ciel < [kɛ́lu] < cáelu(m), mielz < mĕ́lius, seigneur < seniṓre(m), veisin-voisin < vĭcī́nu(m) < vīcī́nu(m).

CAS DE DIPHTONGUE

par diphtongaison de voyelle :

— spontanée : *veie, veeir, vient, meill**our**, lié, pié, receivre, beivre*[2], *grief, ciel, seign**eur***

[2] Dans le groupe consonantique [br], les deux éléments sont prononcés sur la même syllabe ; la voyelle précédente n'est donc pas entravée.

— conditionnée : *fueille* (de [ɔ] par [ʎ] suivant), *ueil*(id.), *mielz* (de [ɛ] par [ʎ] suivant)
par coalescence : *angoisse, aumosne, damoisele, autre, fait, rei*[3], *dreit, poison, veisin*

ABSENCE DE DIPHTONGUE
dans : *conseil, jour, roïne, merveille,*
dans : ***meilleur, seigneur***

Exercice 4

bonitáte(m) : effacement de la prétonique interne avant la sonorisation du [t] intervocalique
cómpŭtu(m) : effacement de la pénultième atone avant la sonorisation du [t]
matutī́nu(m) : cf. bonitáte(m)
nŭtritū́ra(m) < nūtritū́ra(m): id. ; voyelle [ẹ] de soutien au groupe consonantique [tr]
sanitáte(m) : cf. *bonitáte(m)*
verecŭ́ndia(m): effacement de la prétonique interne après la sonorisation du [k] en [g]
manducáre : id.
collocáre : effacement de la prétonique interne avant la sonorisation du [k] en [g]
vĭndicáre : cf. verecŭ́ndia(m)
tĕ́pĭdu(m) : effacement de la pénultième atone après la diphtongaison spontanée de [ɛ] < [ĕ]
dḗbita(m) : effacement de la pénultième atone avant la sonorisation de [t] en [d] et avant la diphtongaison spon-

[3] Le [g] intervocalique évolue en [j] qui entrave la voyelle précédente ; voir exercices nos 14, 15.

tanée de la voyelle accentuée (dont la quantité ne peut être retrouvée directement, mais par la comparaison avec le verbe *debeo : dḗbes > deiz*)
cámĕra(m) : effacement de la pénultième atone avant la diphtongaison spontanée de la voyelle accentuée
dū́bĭtu(m) : effacement de la voyelle pénultième atone avant la sonorisation de [t] et avant la diphtongaison spontanée de [o] < [u] ; N.B. une graphie *doute* n'indiquerait pas plus une diphtongue, mais la seule prononciation [u] issue du [o] entravé (voir exercice n° 11)
**consutū́ra(m) : cf. bonitáte(m)*
computáre : id.
claritáte(m) : id.
hŏ́spĭte(m) : cf. cómputu(m)
domitáre : cf. bonitáte(m)
frĕ́mitu(m) : effacement de la voyelle pénultième atone après la diphtongaison spontanée du [ɛ] < [ĕ] et avant la sonorisation du [t]
hospitále(m) : cf. bonitáte(m)
**pŭllicī́nu(m) :* l'absence de sonorité que note *c* suffit à montrer que la voyelle prétonique interne s'est effacée avant la sonorisation du [k] ([g] aurait abouti à la sonore correspondante [z] notée *s*)

Exercice 5

vĭ́rĭde(m) : effacement précoce de la voyelle pénultième atone ; effacement de la voyelle finale atone autre que [a] au 8e siècle
sápĭdu(m) : effacement plus tardif de la voyelle pénultième atone, mais avant l'évolution du [a] accentué libre en [e] ; maintien de la voyelle finale sous forme de [ę]

mánĭca(m): effacement de la voyelle pénultième atone avant l'évolution du [a] accentué; affaiblissement du [a] final atone en [ę]
solĭ́cŭlu(m): cf. vĭ́rĭde(m)
**crĕ́mere:* effacement de la voyelle pénultième atone après la diphtongaison spontanée de la voyelle accentuée; formation d'un groupe consonantique entraînant l'apparition d'un [ę] de soutien
**jŏ́vĕne(m): cf. *crĕ́mere*
**cŏ́lapu(m): cf. vĭ́ride(m)*
quáesĭta(m): effacement de la voyelle pénultième atone avant la sonorisation des sourdes intervocaliques et avant la diphtongaison spontanée de la voyelle issue de la diphtongue [aę]; affaiblissement du [a] final atone en [ę]
perĭ́cŭlu(m), genŭ́cŭlu(m): cf. solĭ́culu(m)
mŏ́vĭta(m): effacement de la voyelle pénultième atone après la diphtongaison spontanée du [ɔ] < [ŏ], mais avant la sonorisation des sourdes intervocaliques; affaiblissement du [a] final atone en [ę]
págĭna(m): effacement de la finale (traitement exceptionnel en langue d'oïl), maintien de la voyelle pénultième, devenue finale, sous forme de [ę]
sýnŏdu(m), lámpăda(m), órgănu(m), epĭ́scŏpu(m), imágĭne(m): id.
Sēquana(m): effacement de la voyelle pénultième atone après la diphtongaison spontanée de la voyelle accentuée [e < ē]; affaiblissement du [a] final atone en [ę]

Exercice 6

Effacement d'une pénultième atone
semita(m): formation du groupe [mt] qui entrave la voyelle accentuée; assimilation régressive du [m] au [t] => [m] nasale labiale > [n] nasale dentale

lamina(m), hominem, terminu(m) : formation du groupe [mn] qui entrave la voyelle accentuée ; assimilation progressive du [n] au [m]
colapu(m) : [l] devenu implosif entrave la voyelle accentuée, devient [ɫ] puis se « vocalise » en un [u̯] qui forme une diphtongue de coalescence avec le [o]
teneru(m) : la dentale nasale [n] devient implosive, entrave la voyelle accentuée et, au contact de [r], provoque la formation d'une consonne épenthétique dentale sonore
essere : l'alvéolaire sourde [s] devient implosive, entrave la voyelle accentuée et, au contact de [r], provoque la formation d'une consonne épenthétique dentale sourde
cumulu(m) : la labiale nasale sonore [m] devient implosive, entrave la voyelle accentuée et provoque la formation d'une consonne épenthétique labiale sonore
molere : l'alvéolaire [l] devient implosive, entrave la voyelle accentuée et, au contact de [r] provoque la formation d'une consonne épenthétique dentale sonore puis se « vocalise » en un [u̯] qui constitue avec la voyelle précédente une diphtongue de coalescence

Exercice 7

a-

lŏ́cu(m) : diphtongaison spontanée en [uɔ̯] ; formation d'une triphtongue [uɔ̯u̯] ; dissimilation du premier élément qui prend l'articulation palatale correspondante
fŏ́cu(m) : diphtongaison spontanée en [uɔ̯] ; formation d'une triphtongue [uɔ̯u̯] ; parce que derrière labiale, effacement du premier élément

mĕ́diu(m) > [mɛdju] : entrave par la palatale ; diphtongaison conditionnée ; triphtongue [iɛ̯i̯] formée avec le [i̯] vocalisé issu du [j] < [d̯] (voir exercice n° 14) ; monophtongaison en [i].
lĕ́ctu(m) : entrave primaire ; diphtongaison conditionnée par le [j] issu du [k] implosif (voir exercice n° 14) ; triphtongue formée avec le [i̯] issu de la vocalisation du [j] ; monophtongaison en [i] après l'époque d'amuïssement du [t] final non appuyé
hŏ́die > [ɔdje] : entrave par la palatale ; diphtongaison conditionnée ; triphtongue [uɔ̯i̯] ; réduction en [yi̯] ; bascule de l'accent > [ɥi]
fŏ́lia > [fɔlja] : entrave par la palatale ; diphtongaison conditionnée en [uɔ̯] > [ue̯] graphié *ue* ; monophtongaison en [ø] graphié *ue* (graphie dès lors rétrograde)
ŏ́pera(m) : diphtongaison spontanée du [ɔ] accentué libre en [uɔ̯] ; puis comme ci-dessus ; graphie *oeu* mixte *(oe + eu)* devenue rétrograde dès la monophtongaison
cáelu(m) : diphtongaison spontanée du [ɛ] accentué libre < [ae̯]
mĕ́lius > [mɛljus] : entrave de la voyelle par la palatale ; diphtongaison conditionnée du [ɛ] en [iɛ] ; effacement de la voyelle finale => [l] devenu implosif > [ɫ] ; « vocalisation » en [u̯] du [ɫ] => triphtongue formée avec la diphtongue précédente
adrĕ́tro : diphtongaison spontanée (le groupe [tr] ne forme pas entrave)
mŏ́diu(m) : cf. *hŏ́die*
cŏ́riu(m) > [kɔrju] : diphtongaison en [uɔ̯] conditionnée par la consonne palatalisée suivante ; triphtongue formée avec le [i̯] de transition dû à cette palatalisation (voir exercice n° 14)
pŏ́diu(m), in ŏ́dio : cf. *hŏ́die*
ŏ́cto : entrave primaire ; diphtongaison conditionnée par

le [j] issu du [k] implosif (voir exercice n° 14) ; vocalisation de ce [j] en [i̯] => triphtongue [uɔ̯i̯] réduite à [yi̯] ; bascule de l'accent > [ɥi]
*hĕ́ri, fĕ́l, Forovĕ́tere, lĕ́pore(m), fĕ́bre(m), *antĕ́phona :* cf. *ad rĕ́tro*
láetu(m) : cf. *cáelu(m)*

b- la graphie *iu* témoigne d'une réduction de la triphtongue notée *ieu* (lorsqu'elle s'est maintenue comme telle) par effacement de l'élément médian ; ce qui n'a pu se produire qu'avec une accentuation sur le premier élément (triphtongue descendante) : [iɛ̯u̯] > [iu̯]

c- dans la *Chanson de Roland*, les romans de Chrétien de Troyes, la diphtongue devenue [ɥi] par la suite assone encore en [y] et jusqu'à l'époque de Rutebeuf où, toutefois, la bascule de l'accent est attestée par une rime en [i]

Exercice 8

paradī́su(m), laudáre, cṓda(m) : amuïssement, après spirantisation de [d] en [ð] intervocalique (la diphtongue [au̯] fonctionnant comme une voyelle longue)
matū́ru(m) : amuïssement de [ð] < [d] < sonorisation de [t] intervocalique
frátre(m) : derrière voyelle et devant [r] sonorisation puis spirantisation de [t] ; assimilation régressive de [ð] à [r] puis réduction de [rr] derrière voyelle accentuée
ĭteráre : après effacement de la voyelle prétonique interne, formation du groupe [tr] ; sonorisation, spirantisation

du [t] (cf. *fratrem*) ; assimilation de [ð] ainsi produit, en [r] ; maintien du groupe [rr] derrière voyelle atone
quadrátu(m) : spirantisation de [d] et assimilation à [r] ; le groupe [rr] se maintient derrière voyelle atone
cláudĕre, rī́dĕre : après effacement de la pénultième atone, formation du groupe [dr] ; [d] se spirantise et s'assimile à [r] ; [rr] se réduit à [r] derrière voyelle accentuée
pĕ́tra(m) : sonorisation de [t], spirantisation, assimilation à [r] ; maintien du groupe [rr] derrière diphtongue ascendante
plátanu(m) : après effacement de la pénultième atone, dans les deux consonnes dentales devenues au contact, la première, implosive, s'efface.
radicī́na(m) : après effacement de la voyelle pénultième atone, assourdissement de [d] devenu au contact du [t] issu de la palatalisation de [k ⁱ] ; effacement de la première dentale, implosive
véndĭta : après effacement de la voyelle pénultième atone, assourdissement et effacement du [d] devenu implosif
cŏ́mĭte(m) : après effacement de la voyelle pénultième atone, assimilation de la nasale labiale [m] à la dentale [t] => [n] nasale dentale
male sápĭdu(m) : après effacement de la voyelle pénultième atone, effacement (vers la fin du 9ᵉ s.) de la consonne devenue implosive
recĭ́pit : sonorisation de [p] en [b], spirantisation en [β] et dentalisation en [v] ; après effacement de la voyelle finale atone, assourdissement puis effacement (vers la fin du 9ᵉ s.) de [v] devenu implosif
recĭ́pĕre : après effacement de la voyelle pénultième atone, même évolution de [p] devant [r] qu'à l'intervocalique : [pr] > [br] > [βr] > [vr]

dubitáre: [b] > [β] puis > [v] à l'intervocalique ; effacement de la prétonique interne (avant l'époque de sonorisation des sourdes intervocaliques) => assourdissement puis effacement du [v] devenu implosif
vī́vit: [w] > [β] > [v] à l'initiale, comme à l'intervocalique ; effacement de la voyelle finale atone => assourdissement et effacement(vers la fin du 9e) de [v] devenu implosif
sérvit: même évolution de [w] appuyé qu'à l'initiale (cf. *vivit*) ; après effacement de la voyelle finale atone, assourdissement et effacement (vers la fin du 9e) du [v] devenu implosif

b- Trace au moins graphique

— de la fricative dentale notée par *d* devant consonne, devant voyelle *d* ou, parfois, *dh* (*h* fonctionnant comme signe diacritique) :

• *fradre, padre*

• *presentede, spede, maisnede, ledece, medisme ; aiudha*

— de la consonne issue du [b], d'abord intervocalique, devenue implosive : *dift* < *debet*

— de la fricative dentale finale ou devenue finale, derrière voyelle

• accentuée : *honestet*

• ou atone : *eskoltet*

c-

Dans *toit, nuit, lit, mout,* le maintien du [t] final s'explique par le fait qu'à l'époque de son amuïssement derrière voyelle, il était encore appuyé sur un son semi-consonantique (et non semi-vocalique) : ce qui suppose une monophtongaison en [i] de la triphtongue [i̯ɛi̯] dans *lectum* (voir exercice n° 7) postérieure à cette époque ;

d'autant plus que ce maintien suppose aussi que la semi-consonne issue de [k] implosif (dans *tectum, noctem, lectum*) ou de [ɫ] (dans *multum*) n'était pas encore confondue avec le deuxième élément d'une diphtongue issue de la diphtongaison spontanée d'une voyelle (ex. *fei < fidem, neveu < nepotem*).
Dans *merci*, l'effacement du [θ] – issu de la spirantisation de [d] intervocalique en [ð] puis son assourdissement une fois devenu implosif – s'explique parce que ce son se trouvait derrière voyelle, quelle que soit l'interprétation adoptée pour l'origine du [i] (voir l'exercice n° 15)

Exercice 9

a- Prononciation [drɛt] : *dret, dreit, drait*
Prononciation [drwɛt] : *droet, droeit*
Droyt, droiet peuvent correspondre aux deux prononciations, comme à la plus récente [drwat].

b- *Estrait* et *crai* témoignent d'une réduction à [ɛ] de la diphtongue [ei̯] avant la différenciation de celle-ci en [oi̯]. Rien ne pouvant justifier une prononciation [wɛ] à la P. 1 d'indicatif futur, *bailleroi* apparaît comme une graphie dite « inverse »: à tout [oi̯] de l'ancien français commun pouvait correspondre une prononciation [ɛ] dans l'ouest et en anglo-normand ; les graphies *oi, ai, e* ont pu devenir équivalentes et tout [ɛ] de n'importe quelle origine a pu être noté *oi*.

c- La rime *mestre : estre* chez Chrétien de Troyes, comme la seule graphie *e* dans *mestre* (alternant avec *ai*) témoignent de la prononciation [ɛ] pour une forme anciennement en [ai] dont *ai* est le phonogramme ; la présence de la graphie *ai* dans une laisse de la *Chanson de Roland* assonant en [ɛ] prouve que cette monophtongaison avait pu se produire dès l'époque de ce texte ; mais elle avait pu se faire aussi en [a][4] comme l'indique la laisse 20 où alternent les graphies *a* (dominante) et *ai* *(saive, repaire, contraire)*

Le *Roman de Renart* témoigne de la prononciation [wɛ] voire [ɛ] acquise, puisque rimant avec [ɛ], pour l'ancienne diphtongue [oi̯] ; de même la *Chronique rimée*, mais à une époque où la prononciation [wa] était déjà connue ; la concurrence entre les prononciations [wɛ] voire [ɛ] (? *estroite : souffrete*) et la prononciation [wa] est prouvée par les rimes de Chastellain et Villon.

Exercice 10

foi < fíde(m)

ÉPOQUE	TRANSFORMATIONS PHONÉTIQUES	PRONONCIATIONS	GRAPHIES
3e s. av. J.-C. ->	effacement de la labiale nasale derrière voyelle	[fíde]	
1er-3e s.	bouleversement vocalique : passage d'une opposition de quantité à une opposition de timbre (et création de nouvelles corrélations de quantités vocaliques précédant la diphtongaison spontanée[5]) fin 2e-début 3e : [ĭ] > [e] ; de même pour la voyelle palatale finale atone	[féde]	

4 On notera la graphie *palie* correspondant à la prononciation [paʎȩ].

5 Pour ne pas surcharger la présentation, ces nouvelles quantités n'ont pas été notées ici.

EPOQUE	TRANSFORMATIONS PHONÉTIQUES	PRONONCIATIONS	GRAPHIES
5e-6e s.	spirantisation du [d] intervocalique en [ð]	[féðe]	
6e s.	diphtongaison spontanée du [e] accentué libre en [ei̯]	[fei̯ðe]	
8e s.	amuïssement de la voyelle finale atone en finale absolue => assourdissement de la consonne sonore précédente, devenue finale: [ð] > [θ]	[fei̯θ]	*feit, feid*
mi-10^{e}	amuïssement de la spirante dentale derrière voyelle et semi-voyelle	[fei̯]	*fei*
avant la mi-12^{e}	en ancien français commun, différenciation de [ei̯] en [oi̯], graphié *oi*	[foi̯]	*foi*
fin 12e-13^{e}	réduction de la différence d'aperture entre les deux constituants de la diphtongue: > [ue̯] et "bascule" de l'accent sur le 2e élément, qui fait se consonantifier le 1er: > [we]; ouverture en [wɛ] encore graphié *oi* (graphie dès lors "rétrograde"), parfois *oe, oue*	[fwɛ]	*foi*
fin 13e ->	[wɛ] commence à s'ouvrir en [wa], encore graphié le plus généralement *oi*, parfois *o(u)a*; jusqu'au 18e les deux prononciations sont attestées, en [wɛ] et [wa] voire une troisième [ɛ] réduction possible de [wɛ] notamment derrière consonne présentant le trait labial	[fwɛ] // [fɛ] // [fwa]	*foi* *foy*
2e m. 18^{e}	extension de la prononciation [wa]; graphie *oi* uniformisée et normalisée	[fwa]	*foi*

doit < *dĕ́bet*

Epoque	Transformations phonétiques	Prononciations	Graphies
		[dĕ́bet]	
	Maintien du [t] final derrière voyelle parce que morphème		
1er-3e s.	bouleversement vocalique : passage d'une opposition de quantité à une opposition de timbre (et création de nouvelles corrélations de quantités vocaliques en fonction du caractère accentué ou atone des voyelles, de leur position dans une syllabe ouverte ou fermée[6]) : [ē] > [e] ; de même pour la voyelle palatale en finale atone		
début 2[e] s.	à l'intervocalique l'occlusive labiale [b] s'affaiblit en [β] constrictive bi-labiale	[déβet]	
3[e] s.	[β] intervocalique se dentalise en [v]	[dévet]	
6[e] s.	[e] accentué libre se segmente en [ei̯] par diphtongaison spontanée	[dei̯vet]	
7[e] s.	amuïssement de la voyelle atone en finale "couverte" => assourdissement de la consonne sonore précédente, devenue implosive : [v] > [f]	[dei̯ft]	*dift* [8]
vers la fin du 9[e] s.	assimilation puis amuïssement de la consonne implosive, mais dont l'articulation jusqu'alors a assuré le maintien de l'articulation du [t] final, qui ne s'effacera pas[7]	[dei̯t]	*deit*
avant la mi-12[e] s.	en ancien français commun [ei̯] se différencie en [oi̯], graphié *oi*	[doi̯t]	*doit*

6 Voir la note précédente.

7 Contrairement à *fei* (voir l'étude précédente).

8 Attesté dans les *Serments de Strasbourg* (842).

ÉPOQUE	TRANSFORMATIONS PHONÉTIQUES	PRONONCIATIONS	GRAPHIES
fin 12e- 13e s.	par réduction d'apertures, [oį] > [uę]; la "bascule" de l'accent sur le 2e élément fait passer le 1er à la semi-consonne correspondante : > [we]; ouverture en [wɛ] encore graphié *oi* (graphie dès lors rétrograde), parfois *oe, oue*	[dwɛt]	*doit*
fin 13e->	[wɛ] commence à s'ouvrir en [wa] encore graphié *oi* parfois *o(u)a*		
15e s. ->	débuts de l'amuïssement du [t] final devant consonne dans la chaîne parlée, mais l'articulation en est maintenue à la pause jusqu'au 17e et devant une forme à initiale vocalique; la graphie *t*, permanente, fonctionne dès lors comme morphogramme; jusqu'au 18e les deux prononciations sont attestées en [wɛ] et [wa] voire une troisième en [ɛ] réduction possible de [wɛ]	[dwɛ(t)]// [dɛ(t)] //[dwa(t)]	*doit*
18e s.	extension de la prononciation [wa] et normalisation de la graphie *oi*	[dwa (t)]	*doit* *doyt* *doit*

Exercice 11

a- 1. *bŭ́cca(m), cláudit, co(n)véntu(m), *demṓrat, *demōráre, dŏlṓre(m)* [9], *dū́lce(m), stū́ltu(m), hṓra(m), pū́lvĕre(m), diū́rnu(m), laudáre, *angŭstiṓsu(m), *cŏ́lapu(m), collocáre, ī́llos, mortále(m), nŏvĕ́llu(m)*[10], *nutritū́ra(m), hŏ́mĭne(m)* [11]

9 La quantité du [o] initial ne peut se déduire que de la comparaison avec le verbe correspondant où ce même [o] est bref (il aboutit à [uę] lorsqu'il se diphtongue : ex. *dueil* < *doleo*).

10 La quantité du [o] initial peut se déduire de la comparaison avec *novu(m)* qui aboutit à *nuef.*

11 La quantité du [o] se déduit de la comparaison avec l'aboutissement de *homo* à *huem*.

2. Dans les proparoxytons *pŭ́lvĕre(m), *cŏ́lapu(m), hŏ́mĭne(m),* la voyelle pénultième atone s'est effacée ; dans les deux derniers, cet effacement peut être situé avant l'époque de la diphtongaison spontanée de la voyelle accentuée libre.

Dans **angŭstiṓsu(m)*, le [u], quoique en position de prétonique interne, ne s'est pas effacé, ce maintien pouvant relever d'une analogie avec le substantif correspondant *angŭ́stia (> angoisse)* où cette même voyelle est accentuée

Dans *collocáre*, le deuxième [o], prétonique interne, s'est effacé avant l'époque de sonorisation du [k] intervocalique

Dans *nutritū́ra(m)*, le [i] prétonique interne s'est effacé avant l'époque de sonorisation du [t] intervocalique, mais un [ȩ] de soutien est apparu, dû au groupe consonantique [tr]

3. Cas de production d'une diphtongue

— par diphtongaison spontanée de [o] accentué libre : *demeure, dolor-dolour, ore-eure, angoiss**o**s-angoiss**ou**s-angoiss**ol**s*[12]*-angoiss**eu**s-angoiss**ex***

— par coalescence : *estolt-estout*[13], *poudre, colp-coup, c**ou**chier, eus.*

[12] Pour cette graphie par *ol* qui, dans cette forme, n'a jamais pu correspondre à une prononciation [ol], voir l'introduction à cet exercice.

[13] Dès lors qu'elle entre en concurrence avec *estout*, la graphie *estolt* est "rétrograde" ; la même remarque vaut pour *colp.*

b-

neveu < něpṓtě(m)

Epoque	Transformations phonétiques	Prononciations	Graphies
		[něpṓtě]	
1er-3e s.	bouleversement vocalique (passage d'une opposition pertinente de quantité à une opposition de timbre, création de nouvelles corrélations de longueurs vocaliques préalables à la diphtongaison spontanée des voyelles) : [ě > ε] en syllabe initiale, [ō > o], la voyelle finale atone aboutit à [e]	[nεpóte]	
fin 4^{e}	sonorisation des consonnes sourdes intervocaliques : [p > b], [t > d]	[nεbóde]	
début 5^{e}	[b] intervocalique s'affaiblit en [β] qui, derrière palatale et devant vélaire se dentalise en [v]	[nεvóde]	
fin 5^{e}	spirantisation des consonnes sonores intervocaliques : [d > ð]	[nεvóðe]	
6^{e}	diphtongaison spontanée de [o] accentué libre > [ou̯] (qui sera graphié *o, ou*)	[nεvou̯ðe]	
8^{e}	effacement de la voyelle finale autre que [a] ; devenu final [ð] s'assourdit en [θ]	[nεvou̯θ]	
mi-10^{e}	sans doute dès le milieu du 10e siècle[14] et avant la fin du 11e siècle [θ] final s'amuït derrière diphtongue descendante, mais sa graphie a pu se maintenir	[nεvou̯]	*nevo, nevou*
début 11^{e}	affaiblissement du [ε] atone initial en [ẹ]	[nẹvou̯]	
~ 12^{e}	ailleurs que devant labiale, différenciation de [ou̯] en [eu̯] graphié *o, ou, eu*		

[14] Voir la note 18 ci-dessous.

Epoque	Transformations phonétiques	Pronon-ciations	Graphies
	(cette dernière graphie ne se développant qu'à partir du 13e)	[nẹveu̯]	*nevo, nevou, neveu*
13e	la diphtongue [eu̯] se monophtongue en [ø] graphié *o, ou, eu*	[nẹvø]	*id.*
15e->	[ẹ] se labialise	[nẹvø]	

c- Prononciation [u]
jor: sejour, pastour: tour, sejour: monseigneur, amourous: courous
(il ne peut y avoir eu de diphtongue dans *sejour, tour, courous*)

Prononciation [ø]
cuers: meurs, bues: eus

Prononciation [ø] ou [u] selon les régions
anguisseus: seu(l)s

Exercice 12

a-
Dans *bĕ́llus, bĕ́lla(m), dominicĕ́llus, dominicĕ́lla(m)*, la voyelle latine accentuée est un [ĕ] qui passe à [ɛ] lors du bouleversement vocalique (voir exercice n° 2) et qui, entravé, ne connaît pas la diphtongaison spontanée (voir exercice n° 3).
Dans *bellus, dominicellus*, l'effacement (au 7e s.) de la voyelle finale atone parce que autre que [a] met au contact [l] et [s], ce qui entraîne la « vélarisation »[15] de

[15] Voir la note suivante.

[l] en [ɫ] puis sa « vocalisation » alors que ces transformations ne se produisent pas dans *bella, dominicella*, en raison du timbre [a] de la voyelle finale atone qui passe à [ə̧] et se maintient.

Dans *péllis, píllus, íllos*, l'effacement de la voyelle finale atone autre que [a] entraîne les mêmes transformations que dans les formes précédentes. L'évolution de *pellis* est comparable à celle de *bellus* ; mais celles de *pillus* et *illos* s'en différencient à cause du timbre de la voyelle accentuée [ĭ > e] (contrairement à [ĕ > ɛ] des autres formes) : en ancien français commun du moins, il n'y a pas eu de production d'un timbre [a].

b-

La diphtongue latine [au̯] s'est, partout, monophtonguée en [ɔ] vers la fin du 5e siècle.

Ce [ɔ] s'est maintenu devant consonne autre que [s], [z], [v] : [ɔr], [parɔlə̧].

Il s'est fermé en [o] sans doute au 13e s. devant [z], [v] : [klo], [povrə̧].

Cette fermeture va jusqu'à [u] dialectalement (Sud du domaine d'oïl) et, communément,

— lorsque [ɔ] accentué s'est trouvé au contact de [ə̧] : [luə̧s] < [láudas]

— lorsque, atone initial, il s'est trouvé en hiatus devant la voyelle tonique [lue] < [laudáre].

Dans *páucu(m)*, la monophtongaison de [au̯] a dû se produire au même moment que la consonne issue de [k] s'effaçait ; la nouvelle diphtongue [ɔu̯] s'expliquerait par la consonantification de la voyelle finale[16] ; l'évolution s'en confond avec celle de formation romane, mais semble s'être produite un peu plus tôt (12e s.).

[16] Voir exercice n° 16 n.4.

Une diphtongue [au̯] de coalescence s'est formée à l'époque romane (vers le 4e s.) dans *clavu(m), *blavu(m)* après l'effacement du [w] intervocalique. Elle évolue en [ɔu̯] qui, dans les formes communes du français, se monophtongue en [u] sans doute au 12e s. : [klu], [blu] ; mais, dialectalement, dans le Nord, le Nord-ouest, [ɔu̯] a pu évoluer en [eu̯] puis [ø] : ex. [blø].

Une diphtongue [au̯] de coalescence s'est formée plus tard en français après la « vocalisation » d'un [l] devenu [ɫ] devant consonne : dans *alba(m)*, ce contact est primaire, dans **alemósina(m)*, il est dû à l'effacement de la voyelle prétonique interne (voir exercice n° 1), dans *fallit* à celui de la voyelle finale atone autre que [a], dans *cálidu(m)* à celui de la voyelle pénultième atone (voir exercice n° 1). Cette diphtongue perdure en ancien français (où elle assonne en [a] ainsi qu'en moyen français et ne se monophtonguera en [o] que vers la fin du 15e voire au 16e siècle.

c-

nouviaus-nouveaus < *nŏvéllŭs*

ÉPOQUE	TRANSFORMATIONS PHONÉTIQUES	PRONONCIATIONS	GRAPHIES
		[nŏwéllŭs]	
1er s.	Maintien du [s] final implosif derrière voyelle parce que morphème de flexion		
	[w] labio-vélaire intervocalique > [β] constrictive bi-labiale	[nŏβéllŭs]	
1e-3e s.	Bouleversement vocalique (passage d'une opposition de quantité à une opposition de timbre et création de nouvelles corrélations de longueurs vocaliques en fonction du caractère		

Epoque	Transformations phonétiques	Prononciations	Graphies
	accentué ou atone des voyelles, de leur position dans une syllabe ouverte ou entravée) : [ŏ > ɔ] [ĕ > ₋]	[nɔβɛ́llus]	
3e s.	[β] à l'intervocalique, devant voyelle palatale, se dentalise en [v] labiodentale [ɛ] accentué ne se diphtongue pas parce que entravé par la consonne géminée		
? 5e s.	[ŭ > o] en finale peut-être un peu plus tard qu'ailleurs	[nɔvɛ́llos]	
7e s.	Effacement de la voyelle atone autre que [a] => devenue implosive, la consonne géminée se simplifie et, en position antéconsonantique, [l] s'affaiblit en [ɫ] dit "vélaire" [17]	[nɔvɛɫs]	
9e->12[e]	"Vocalisation" du [ɫ] en un [u̯] qui forme une diphtongue de coalescence avec la voyelle précédente ; mais la graphie par *l* perdurera bien au-delà => sous l'influence de ce son [ɫ] ou [u̯], un son vocalique "de transition" s'est développé derrière [ɛ], plus ouvert : [a]	[nɔvɛa̯u̯s]	*noveaus, noveax*
11e-13[e]	[ɔ] atone initial se ferme en [u], graphié *o* puis (13e->) *o* ou *ou* 12e : l'accent passe sur le [a], entraînant une consonantification du 1er élément en [j] ; mais une réaction contre cette évolution jugée populaire a pu maintenir la prononciation d'un tim-	[nuvjau̯s]	*noviaus, novials, noviax*

[17] Sur cette appellation, voir F. de LA CHAUSSÉE, *Initiation*..., § 7.1.

Epoque	Transformations phonétiques	Prononciations	Graphies
	bre vocalique [ę] sans doute semi-vocalique ; d'où la concurrence entre deux prononciations	[nuvjau̯s] et [nuvęa̯u̯s]	*noviaus, noviax, nouviaus, nouviax* et *noveaus, noveax nouveaus, nouveax*
fin 13ᵉ	Désarticulation du [s] implosif, mais maintien possible du vocalisme précédent	[nuvjau̯] et [nuvęau̯]	
16ᵉ->	Monophtongaison de la séquence [au̯] en [o]	[nuvjo] et [nuvęo]	
17ᵉ	Effacement du timbre [ę] dans la finale, ainsi monophtonguée en [o]	[nuvjo] et [nuvo]	

oïr < audī́re

Epoque	Transformations phonétiques	Prononciations	Graphies
		[audī́re]	
1ᵉʳ-3ᵉ s.	Bouleversement vocalique (passage d'une opposition de quantité à une opposition de timbre) : [ī > i], la voyelle finale atone aboutit à [e]	[audíre]	
2ᵉ m. 5ᵉ	Monophtongaison de la diphtongue [au̯] en [ɔ] par assimilation réciproque de ses deux constituants		
fin 5ᵉ-6ᵉ	[d] intervocalique se spirantise en [ð] (il sera noté *d, dh*)	[ɔðire]	
8ᵉ s.	Effacement de la voyelle finale atone autre que [a]	[ɔðir]	

ÉPOQUE	TRANSFORMATIONS PHONÉTIQUES	PRONONCIATIONS	GRAPHIES
9e sans doute [18]	Amuïssement du [ð] intervocalique		*odir* (9e-10e)
	[ɔ] en hiatus se ferme en [o]	[oir]	*oïr*[19]
11e-13e	peut-être dès le 11e, [o] initial atone se ferme en [u] noté *o*, en concurrence avec le digramme *ou* une fois opérée la monophtongaison (vers le 13e s.) de la diphtongue de coalescence [oṷ]	[uir]	*oïr* *oïr, ouïr*
18e	[r] apical devient dorsal [ʀ]	[uiʀ]	*ouïr*

Exercice 13

a-

1. *aṓrat, adōráre, bŏ́ve(m), cáusa(m), cláusu(m), corbĭ́cŭla(m), cŏ́r, dŏ́lu(m), hṓra(m), flṓre(m), *jŏ́vĕne(m), diū́rnu(m), laudáre, trŏ́pat, trŏpáre, *mŏ́rit, *mŏrī́re, aurĭ́cŭla(m), *pŭllicī́nu(m), vŏ́lunt, *vŏlḗre, *pŏ́tet, *pŏtḗre,*

[18] L'époque ordinairement admise pour l'amuïssement des spirantes dentales intervocaliques ou finales derrière voyelle est la fin du 11e siècle ; il a pourtant été avancé et prouvé que cet amuïssement avait dû se produire beaucoup plus tôt, sans doute dès le milieu du 10e siècle derrière voyelle accentuée, dès le 9e en finale derrière voyelle atone ainsi qu'à l'intervocalique : voir G. STRAKA, *Sur la date de l'amuïssement du -t final non appuyé en ancien français*, dans *Travaux de Linguistique et de Littérature*, vol. 4, 1 (Mélanges P. Gardette), 1966, p. 449-468 ; réimprimé dans G. STRAKA, *Les sons et les mots*, 1979, p. 423-442 ; voir aussi F. de La Chaussée, *Initiation...*, § 16.4.

[19] L'utilisation du signe diacritique qu'est le tréma est bien postérieure à l'époque considérée ; mais, à la fois plus lisible et figurant dans les éditions de textes même du plus ancien français, elle a été gardée ici.

*fŏ́lia(m), sŏ́ror, mŏ́rte(m), sŭbĭ́nde, fágu(m), ŏ́pĕra(m), venatṓre(m), *alemṓsĭna(m), cálĭdu(m), nŏ́vu(m), pánper, gū́la(m), vṓtu(m), vōtáre.*

2. et 3. Diphtongaison spontanée de [o < ō, ŭ] accentué libre en [ou̯] > dans les formes communes [eu̯] 12e puis [ø] ou [œ] 13e: *aoure < adṓrat, eure < hṓra(m), flour < flṓre(m), veneör < venatṓre(m), gole-gule-goule-geule < gū́la(m), vo-vou-veu < vṓtu(m).*
Dans les formes communes, le digramme *ou* est une graphie en entière correspondance avec la prononciation («graphie phonétique») jusqu'au 12e, de même *eu* au 12e, puis les deux deviennent des graphies rétrogrades; dans certaines des régions où [ou̯] > [u], *ou* est en concurrence avec *u*, graphie phonétique (attestée surtout dans l'Ouest et en Anglo-normand; *o* est une graphie étymologique, plus fréquente dans les aboutissements de *-ṓre(m).*

■ Diphtongaison de [ɔ < ŏ] en [uǫ̯] 3e s. qui évolue en [uę̯] aux 11e-12e puis au 13e se monophtongue en [ø] ou [œ]:

— spontanée (sous l'accent en syllabe libre ou dans un monosyllabe): *buef-beuf-boeuf < bŏ́ve(m), cuer-cor < cŏ́r, deol-duel < dŏ́lu(m), jone-juene-jeune < *jŏ́vene(m), trove-trueve < *trŏ́pat, muert <*mŏ́rit, vuelent < vŏ́lunt, peut-puet-poet <*pŏ́tet, suer-soeur < sŏ́ror, ovre-oevre-uevre-oeuvre < ŏ́pera(m), nuef-neuf < nŏ́vu(m)* ;

— conditionnée (sous l'accent, devant une palatale qui entrave la syllabe): *fuelle-feuille < fŏ́lia(m)*
o est une graphie étymologique, *ue-oe* des graphies phonétiques aux 11e-12e siècles, puis rétrogrades; elles commutent avec *eu* lorsque (au 13e) celle-ci n'a plus noté qu'un son simple [ø] ou [œ].

■ Diphtongaison spontanée de [e < ē] en [ei̯] 6ᵉ qui se différencie en [oi̯] à partir de la fin du 11ᵉ puis évolue en [wɛ] : *pooir* < **potḗre*[20] (après avoir été au 12ᵉ une graphie phonétique *oi* représentera une graphie « rétrograde » ou « historique »).

■ Diphtongues de coalescence [ou̯] et [au̯] formées après l'effacement

— d'une voyelle atone :

• prétonique interne dans **pŭllicínu(m), *alemósina(m),*

• pénultième dans *cálidu(m),*

entraînant la mise au contact d'un [l] avec une consonne, sa « vélarisation »[21] en [ɫ] puis sa « vocalisation » en [u̯] ;

— d'un [w] intervocalique entraînant la transformation de la voyelle finale en semi-voyelle dans *clavu(m).*

[ou̯] se monophtongue en [u] aux 12ᵉ-13ᵉ : *poucin, clou* (*ou* y est alors une graphie « rétrograde »).

[au̯] ne se monophtonguera en [o] qu'à l'extrême fin du moyen français : *aumosne* (pendant tout l'ancien français, *au* est une graphie en entière correspondance avec la prononciation).

20 A NOTER : dans *corbeille* < *corbĭ́cula(m)*, il n'y a pas eu de diphtongue, le [ĭ > e] étant devenu entravé par la palatalisation du groupe secondaire [kl] en [ʎ] ; c'est ce dernier son que note la graphie *ill.*

21 Voir la note 17.

b-

coude < cŭ́bĭtŭ(m)

EPOQUE	TRANSFORMATIONS PHONÉTIQUES	PRONONCIATIONS	GRAPHIES
		[kŭ́bĭtŭ]	
début 2e s.	[b] intervocalique s'affaiblit en [β]		
1e-3e s.	Bouleversement vocalique (passage d'une opposition de quantité à une opposition de timbre, création de nouvelles corrélations de longueurs vocaliques en fonction du caractère accentué ou atone de la voyelle, de sa position dans une syllabe libre ou entravée) début 3e [ĭ > e] [β] intervocalique se dentalise en [v] affaiblissement de la voyelle finale des proparoxytons fin 3e [ŭ > o] à l'initiale	[kóvetę]	
fin 4e	[t] intervocalique se sonorise en [d] La forme *coude* témoigne d'un effacement de la pénultième atone postérieur à cette sonorisation (mais d'autres formes témoignent d'un effacement antérieur : *co(u)te, acouter...)* Cet effacement provoque l'assourdissement de la consonne devenue implosive [v] > [f] et l'entrave de la voyelle accentuée précédente [o] [k °] à l'initiale maintient son articulation Devenu entravé [o] accentué ne se diphtongue pas	[kóvedę] [kófdę]	
~ fin 9e s.	Assimilation et amuïssement de la consonne implosive	[kodę]	

Epoque	Transformations phonétiques	Prononciations	Graphies
11e-13e	[o] accentué se ferme en [u], graphié *o*, puis (13e ->) *o* ou *ou* (digramme utilisé après la monophtongaison en [u] de la diphtongue de coalescence [ou̯])	[kudȩ]	*code* *code, coude*
15e->	labialisation du [ȩ]		
17e ->	Tendance à l'effacement du [ȩ] qui devient « muet » [22], *e* graphique indiquant l'articulation de la consonne précédente	[kud]	*coude*

douter < dŭbĭtā́re

Epoque	Transformations phonétiques	Prononciations	Graphies
		[dŭbĭtā́re]	
début 2e	à l'intervocalique l'occlusive labiale [b] s'affaiblit en [β] constrictive bi-labiale		
1er-3e s.	bouleversement vocalique : passage d'une opposition de quantité à une opposition de timbre (et création de nouvelles corrélations de quantités vocaliques, en fonction de la position sous ou hors l'accent, en syllabe ouverte ou fermée[23]) : fin 2e-3e : [ĭ] > [e] ; de même pour la voyelle finale atone – début 3e : [β] intervocalique se dentalise en [v] – fin 3e : [ŭ] initial > [o]	[duβetáre] [dovetáre]	

22 Sur le statut de cette voyelle, voir F. Carton, *Introduction*..., p. 63-64 et, ici, l'exercice n° 20 bis.

23 Pour la commodité de la présentation, ces nouvelles quantités n'ont pas été indiquées ici.

ÉPOQUE	TRANSFORMATIONS PHONÉTIQUES	PRONONCIATIONS	GRAPHIES
avant la fin du 4e s.	effacement de la voyelle prétonique interne (puisque autre que [a]) avant l'époque de sonorisation des sourdes intervocaliques => assourdissement de la consonne sonore précédente, devenue implosive ; devenu appuyé, [t] ne s'affaiblit pas et reste sourd	[doftáre]	
6e s.	[a] accentué libre passe à [e], évolution qui s'explique : – ou, directement, par l'effet d'une antériorisation – ou par l'intermédiaire d'une diphtongaison spontanée en [ae̯] suivie d'une monophtongaison, avant l'époque littéraire, en un [ɛ] sans doute long qui s'est fermé en [e]	[doftere]	
8[e] s.	effacement de la voyelle atone en finale absolue	[dofter]	
~ fin 9[e]	assimilation puis amuïssement du [f] implosif	[doter]	*doter*
11[e]-13[e]	[o] initial atone se ferme en [u] graphié *o* (graphie dès lors rétrograde, mais la plus courante), *u* en anglo-normand, en concurrence à partir du 13[e] avec *ou* (graphie rendue possible par l'évolution en [u] de certaines diphtongues [ou̯])	[duter]	*doter, duter,* *douter*
14e s. ->	dans la chaîne parlée, [r] tend à s'amuïr devant consonne, puis à la pause ; mais la graphie *r* perdure, fonctionnant dès lors comme signe diacritique (indiquant le timbre [e] de la voyelle précédente) et comme constituant de morphogramme (*–er* apportant l'information d'infinitif)	[dute (r)]	*doter, douter*
17e s.	là où il pouvait continuer à être prononcé dans la chaîne parlée (devant initiale vocalique) [r] apical devient [R] dorsal	[dute (R)]	*douter*

Exercice 14. 1.

a-

Dans *láncea(m)*, le [ę] atone en hiatus, dans *minácia(m), *minaciáre, bráchiu(m), soláciu(m), fórtia, ratióne(m), cantióne(m), captiáre*, le [i] atone en hiatus s'est consonantifié en yod qui a palatalisé la consonne précédente [k] ou [t].

Devant [j], les transformations de [k] et [t] répondent aux conditions d'une « vraie » palatalisation, avec à la fois

— un déplacement du point d'articulation dans la zone palatale : [t > ţ], [k > ķ > ţ]

— un renforcement articulatoire qui provoque une assibilation : [ţ > ţş]

Rem. Dans les dialectes du Nord où la palatalisation est moindre, l'assibilation semble correspondre à un début de relâchement articulatoire qui aboutit à la décomposition en [tʃ] graphié généralement *ch* (*canchon, cachier, manechier)*

A l'intervocalique (*minacia(m), brachiu(m), solaciu(m))* comme en position « appuyée » (*lancea(m)*, la palatale issue de [kj] ne se sonorise pas et reste [ţş]; elle se dépalatalisera en [ts] qui sera noté *c* à l'initiale, *z* à la finale (*braz, solaz*).

La palatale issue de [tj] reste [ţş] puis [ts] en position appuyée (*fortia, cantione(m), captiare)*; en revanche, à l'intervocalique, la palatale se sonorise en [ḑẓ] (qui se dépalatalisera en [dz]) et provoque le dégagement d'un yod de transition formant avec la voyelle précédente une diphtongue de coalescence (*raison*).

Comparable à l'évolution de [tj] est la palatalisation de [k ^{e,i}] : initial (*circáre*) ou en position appuyée (*percípere, mercéde(m), dúlce(m))* il connaît une « vraie » palatalisation en [ḵ > ṯ > ṯṣ], à l'intervocalique il y a en plus sonorisation et dégagement d'un yod de transition (*vicínu(m) > veisin > voisin)* ; dans *crúce(m)*, cette palatale, devenue finale après l'effacement de la voyelle finale atone, s'assourdit en [ts] ; elle est généralement graphiée *c* à l'intérieur d'une forme, *z* à la finale, [dz] l'étant ordinairement par *s*. Le cas de *chartre < cárcere(m)* révèle que, dans cette forme, la voyelle pénultième atone s'est effacée juste après le début de la palatalisation de [k ^{e}] appuyé en [ḵ > ṯ] ; l'effacement de la voyelle a entraîné la dépalatalisation de [ṯ], devenu [t].

Une palatalisation moindre est celle de [k^{a}] initial (*cámpu(m), cáusa(m)* ou en position appuyée (*búcca(m), circáre*) ; de même celle de [g] initial (*gámba(m), génte(m)),* appuyé (*argéntu(m))* ou devenu appuyé (dans *manducáre*, après la sonorisation du [k] en [g] et l'effacement de la voyelle prétonique interne) mais qui, contrairement à [k], évolue de la même façon devant [a] que devant [e] [i]. Les deux évolutions sont de « vraies » palatalisations, avec déplacement du point d'articulation dans la zone palatale et renforcement articulatoire : [k > ḵ > ṯ], [g > g̱ > ḏ] ; mais l'assibilation produite, en [tʃ] (*champ, chose, bouche*) et [dʒ] (*jambe, gent, argent*), témoigne d'un début de relâchement articulatoire. Dans les dialectes du Nord, la palatalisation a été encore moindre et [ḵ] n'a pas atteint [ṯ] ; en se dépalatalisant, il est redevenu [k] (*cose, cachier).*

Correspondent à une « fausse » palatalisation les évolutions de [k^{a}] intervocalique (*míca(m), pacáre, necáre*) de [g^{a}] intervocalique (*plága(m), rége(m))*, de [k] implosif antéconsonantique (*fáctu(m), diréctu(m))* et de [k ^{e}] intervocalique en syllabe pénultième de proparoxyton (*fácere, plácitum*) : l'aboutissement y est une palatale, la semi-consonne yod, obtenue par déplacement du point d'articulation, mais sans renforcement articulatoire ; lorsque cette semi-consonne se vocalisera en [i̯], elle formera avec la voyelle précédente une diphtongue de coalescence.

b-

*oisel < *aucḗllŭ(m)*

Epoque	Transformations phonétiques	Prononciations	Graphies
	Effacement très ancien du [m] final	[au̯kḗllŭ]	
1er s. ->	Bouleversement vocalique : passage d'une opposition de quantité à une opposition de timbre (et création de nouvelles corrélations de quantités vocaliques, dependant de la tonicité et de la nature fermée ou ouverte de la syllabe) : [ĕ] accentué > [ɛ]	[au̯kɛ́llu]	
3e s.	Entravé, ce [ɛ] accentué ne se diphtongue pas Devant [ɛ] accentué, [k] intervocalique se palatalise par : – un déplacement du point d'articulation dans la zone palatale : [k] > [k̮] > [ţ] – un renforcement articulatoire qui entraîne une assibilation : [ţ] > [ţş]	[au̯ţşɛllu]	
avant la fin du 4e s.	Sonorisation des consonnes sourdes et de certains groupes consonantiques intervocaliques : [ţş] > [d̦z̦]	[au̯d̦z̦ɛllu]	

EPOQUE	TRANSFORMATIONS PHONÉTIQUES	PRONONCIATIONS	GRAPHIES
5e s.	Suite du bouleversement vocalique : [ŭ] > [o] en finale atone peut-être plus tardivement qu'ailleurs A l'intervocalique, la palatalisation consonantique a entraîné la production d'un yod de transition Monophtongaison de la diphtongue [au̯] en [ɔ] qui se ferme en [o] lequel forme avec le yod de transition une diphtongue de coalescence [oi̯]	[oi̯d̯z̯ɛllo]	
7e s. 8e s.	Dépalatalisation : [d̯z̯] > [dz] Amuïssement de la voyelle atone en finale absolue => simplification de la géminée	[oi̯dzɛl]	
fin 12e-13e s.	[oi̯] évolue en [ue̯] puis [we] par réduction de la différence d'aperture entre ses deux constituants et par « bascule » de l'accent sur le deuxième, qui entraîne la consonantification en [w] du premier ; ouverture de [we] en [wɛ] ; la graphie reste généralement *oi*, mais peut alterner avec *oe, oue* -13e : le groupe [dz] se simplifie en [z]	 [wɛzɛl]	*oisel* id.
fin 13e->	Débuts de l'ouverture de [wɛ] en [wa] ; jusqu'au 18e s., les deux prononciations en [wɛ] et [wa] sont attestées En moyen français, la forme *oisel* est remplacée par *oiseau*, avec extension du vocalisme obtenu par la transformation phonétique de la séquence [ɛl] devant consonne[24]	[wɛzɛl] // [wazɛl]	id.

[24] Voir *nouviaus*, exercice 12.

palais < palátĭŭ(m)

Epoque	Transformations phonétiques	Prononciations	Graphies
Avant le 1e s.	Effacement très ancien du [m] final Le [i] atone en hiatus se consonantifie en [j]	[palátĭŭ]	
1e s. ->	Le bouleversement vocalique n'a pas d'incidence sur le timbre [a] ; fin du 1er s. : [j] confère au [t] précédent une articulation palatale qui s'accompagne d'un renforcement articulatoire engendrant une assibilation : [tj] évolue en [t̬ʂ] et cette palatalisation provoque l'apparition d'un yod de transition qui formera une diphtongue de coalescence avec la voyelle précédente, laquelle, entravée par la palatale, ne se diphtonguera pas	[paláįt̬ʂu]	
avant la fin du 4e	A l'intervocalique, [t̬ʂ] se sonorise en [d̬ʐ] ; parce que initial, [p] garde son articulation		
5e s.	Suite du bouleversement vocalique : [ŭ] > [o] en finale atone peut-être plus tardivement qu'ailleurs	[palaįd̬ʐo]	
7e s.	Dépalatalisation : [d̬ʐ] > [dz]	[palaįdzo]	
8e s.	Amuïssement de la voyelle atone en finale absolue => assourdissement du groupe consonantique précédent : [dz] > [ts] qui sera graphié *z* en ancien français	[palaįts]	
mi-11e	Après avoir assoné en [a], la diphtongue [aį], graphiée *ai*, se ferme en [εį], graphiée *ai* ou *ei*, qui se monophtongue, précocement devant consonne, en [ε] ; les graphies *ai, ei, e* deviennent dès lors équivalentes	[paleįts] [palεts]	*palaiz, paleiz* *palaiz, paleiz, palez*

Epoque	Transformations phonétiques	Prononciations	Graphies
13e s. mi-16e s. ->	[ts] se simplifie en [s] graphié *z* ou *s*, qui, dans la chaîne parlée, peut s'amuïr devant initiale consonantique La graphie est unifiée sous la forme *palais*	[palɛ(s)]	*id.* + *palais, paleis, pales*

Exercice 14. 2.

a-

Dans *sápiam*, [i] atone en hiatus, dans *rúbeu(m), commeátu(m)* [e] atone en hiatus se sont consonantifiés en yod; derrière labiale dans ces trois formes, ce yod évolue comme à l'initiale, passant à l'occlusive correspondante, par renforcement articulatoire sans déplacement du point d'articulation:

— sourd derrière labiale sourde (dans *sapiam*), il passe à [ṭ] > [tʃ] graphié *ch*

— sonore derrière labiale sonore (dans *rubeu(m), commeatu(m))*, il passe à [ḍ] > [dʒ] graphié *g*. Cette dernière évolution est la même que celle du [j] initial de *jócu(m)* et *jocáre*.

b-

jour < dĭū́mŭ(m)

EPOQUE	TRANSFORMATIONS PHONÉTIQUES	PRONONCIATIONS	GRAPHIES
		[dĭū́rnŭ]	
Avant le 1er s.	Consonantification en [j] du [i] atone en hiatus	[djúrnu]	
1er s.	Devant [j] [d] se palatalise et s'y assimile	[júrnu]	
3e s.	[j] initial, par renforcement articulatoire mais sans déplacement du point d'articulation (« fausse » palatalisation), passe à l'occlusive palatale correspondante [ḓ] qui se segmente par assibilation en [dʒ]		
1er-3e s.	Bouleversement vocalique (passage d'une opposition de quantité à une opposition de timbre, création de nouvelles corrélations de longueurs vocaliques, en fonction du caractère accentué ou atone de la voyelle, de sa position dans une syllabe libre ou entravée)		
	fin 3e : [ŭ > o] sous l'accent, peut-être plus tard en finale (5e s.)	[dʒórnu]	
		[dʒórno]	
	[o] accentué entravé ne se diphtongue pas		
8e s.	effacement de la voyelle finale atone autre que [a]	[dʒorn]	
11e-13e	[o] accentué entravé se ferme en [u], noté *o* puis (13e ->) *o* ou *ou* (digramme utilisé pour ce son dès lors que s'est monophtonguée en [u] la diphtongue de coalescence [oṷ])		*jorn*
	fin 12e effacement de [n] final appuyé	[dʒur]	*jor,*
13e	[dʒ] se réduit à [ʒ]	[ʒur]	*jour*

Exercice 14. 3. 1.

a-

Dans *consíliu(m), ma(n)sióne(m), insígnia, senióre(m), grándior, grandióre(m)*, [i] atone en hiatus se consonantifie en [j] qui palatalise la, voire les consonnes précédentes en, respectivement, [ʎ], [s̢], [ɲ], [d̡]. Dans le groupe [ndj] (*grandior, grandiore(m))*, le [n] se palatalise aussi au contact du [d̡]; de même le [ŋ] de *insignia* [insiŋɲja] au contact de [ɲ].

Dans les proparoxytons *perículu(m)* et *genúculu(m)*, l'effacement (précoce[25]) de la pénultième atone entraîne la formation du groupe [kl] dont l'ensemble évolue en [ʎ] par « vraie » palatalisation.

Dans *laxáre* le point d'articulation du [k] implosif s'est déplacé dans la zone palatale pour aboutir à un [j] implosif (« fausse » palatalisation) qui s'est par la suite vocalisé en [i̯], formant alors avec la voyelle précédente une diphtongue de coalescence (*laissier*).

Devant [ɲ] implosif antéconsonantique, devant [s̢], il y a eu aussi production d'un [i̯], dit « yod de transition » et formation d'une diphtongue de coalescence (*graindre, maison),* mais non pas devant [ɲ] resté intervocalique, ici graphié *ign (enseigne, seigneur* [26]) ni devant [ʎ] même final, graphié *il, l (conseil, peril, genoil).*

[25] Marqué par l'absence de [ẹ] final dans la forme française (voir exercice n° 5).

[26] On rappellera (voir exercice n° 3) que, dans ces formes, il n'y a pas eu production de diphtongue, ni par coalescence (du fait de l'absence de "yod de transition") ni par diphtongaison de voyelle (toute palatalisation consonantique provoquant une entrave de la voyelle précédente).

b- *soleil < sōlĭ́cŭlŭ(m)*

Epoque	Transformations phonétiques	Pronon-ciations	Graphies
		[sōlĭ́kŭ lŭ]	
	Effacement précoce de la pénultième atone (dès l'époque républicaine)	[sōlĭ́klŭ]	
1e-3e	– Bouleversement vocalique (passage d'une opposition de quantité à une opposition de timbre, création de nouvelles corrélations de longueurs vocaliques) : [ō > o] début 3e : [ĭ́ > e]	[soléklu]	
	– Palatalisation de [kl] intervocalique en [ʎ], qui provoque une entrave de la voyelle précédente, accentuée (cf. italien *solecchio*) – Devenu entravé, [e] accentué ne se diphtongue pas		
? 5e	[ŭ > o] peut-être seulement au 5e s. à la finale	[soleʎo]	
8e	Effacement de la voyelle finale atone autre que [a] Même devenu final, le [ʎ] ne provoque pas de dégagement de yod de transition en AF commun ; à la finale, ce [ʎ] sera graphié *il, l*	[soleʎ]	*soleil, solel*
11e-13e	[o] atone initial se ferme en [u], graphié *o* puis (13e ->) *o* ou *ou* (digramme utilisé dès lors que s'est monophtonguée en [u] la diphtongue de coalescence [oṷ]) ; mais le maintien, toujours possible, de la graphie *o* a pu recréer une prononciation [o], en moyen français surtout	[suleʎ] [suleʎ] et [soleʎ]	*soleil, souleil* *id.*

EPOQUE	TRANSFORMATIONS PHONÉTIQUES	PRONON-CIATIONS	GRAPHIES
16e et fin 17e	une querelle oppose « ouïstes » et « non-ouïstes » , réglée par un partage normalisé des formes entre les deux prononciations ; [o] est adopté pour cette unité lexicale	[soleʎ]	*soleil*
	ouverture du [e] en [ɛ]		
	La tendance de [ʎ] à s'affaiblir en [j], observée dès la fin du 12e, surtout à partir du 13e, se développe, mais n'a pas complètement abouti dans toutes les régions avant le 20e s.	[solɛj]	id.

tige > tī́bĭa

EPOQUE	TRANSFORMATIONS PHONÉTIQUES	PRONON-CIATIONS	GRAPHIES
		[tī́bĭa]	
Avant le 1er s.	Consonantification en [j] du [i] atone en hiatus ; devant [j], [b] maintient son articulation	[tíbja]	
1er s. ->	Bouleversement vocalique : [ī] > [i]		
fin 3e - début 4e	Derrière labiale, la semi consonne palatale [j] évolue, comme à l'initiale, en [d̥] par seul renforcement articulatoire (« fausse » palatalisation), puis en [dʒ̥] par empiètement de la détente sur la tenue de l'articulation ; devenu implosif, [b] s'assimile et s'amuït	[tídʒ̥a]	

ÉPOQUE	TRANSFORMATIONS PHONÉTIQUES	PRONON-CIATIONS	GRAPHIES
	Parce que initial, [t] maintient son articulation		
6e s.	[a] atone final s'affaiblit en [ə̧]	[tiʤə̧]	
7e s.	dépalatalisation : [ʤ] > [dʒ]	[tidʒə̧]	
13e s.	[dʒ] se simplifie en [ʒ] graphié de la même façon qu'auparavant, par *g* ou *j*	[tiʒə̧]	*tige*, *tije*
18e s.	en français commun[27], [ə̧] devient « muet », *e* graphique ne signalant plus que l'articulation de la consonne précédente	[tiʒ]	*tige*

genoil > **gĕnŭ́cŭlŭ(m)*

ÉPOQUE	TRANSFORMATIONS PHONÉTIQUES	PRONON-CIATIONS	GRAPHIES
	Effacement très ancien du [m] final	[gĕnŭ́kŭlŭ]	
avant le 1er s.	Effacement précoce de la pénultième atone	[gĕnŭ́klŭ]	
1er-3e s.	Bouleversement vocalique : passage d'une opposition de quantité à une opposition de timbre (et création de nouvelles corrélations de quantités vocaliques, en fonction du caractère tonique ou atone de la voyelle, de sa position dans une syllabe fermée ou ouverte[28]) : [ĕ] atone initial passe à un son d'abord incertain qui aboutit à [e] ;		

27 Dans le Midi, [ə̧] continue à être prononcé.

28 Par commodité de présentation, ces nouvelles quantités n'ont pas été indiquées ici.

Epoque	Transformations phonétiques	Prononciations	Graphies
	3e s. : [ŭ] tonique > [o] ; la même transformation affectera le [ŭ] final atone, mais peut-être plus tard, vers le 5e s.	[genóklu]	
3e s.	A l'intervocalique, le groupe [kl] se palatalise en [ʎ] (qui sera plus tard noté *il*), ce qui provoque l'entrave de la voyelle précédente, tonique.		
début 5[e]	[g] initial devant [e] se palatalise – par un déplacement et un renforcement de l'articulation : [g] > [g̯] > [d̯] – par empiètement de la détente sur la tenue : [d̯] se décompose en [d̯ʒ̯]		
	Fin du bouleversement vocalique : [ŭ] final atone > [o]	[d̯ʒ̯enóʎo]	
6[e]	[o] accentué, entravé par la palatale subséquente, ne se diphtongue pas[29]		
7[e]	Dépalatalisation : [d̯ʒ̯] > [dʒ]	[dʒenoʎo]	
8[e]	Amuïssement du [o] atone final	[dʒenoʎ]	*genoil*
12e s.	[e] initial atone en syllabe ouverte s'affaiblit en [ḙ]	[dʒḙnoʎ]	
11e-13[e]	[o] tonique entravé se ferme en [u], encore graphié *o* (graphie dès lors rétrograde) en concurrence à partir du 13e avec *ou* (graphie rendue possible par l'évolution en [u] de certaines diphtongues [oṷ]	[dʒḙnuʎ]	*genoil, genouil*
13[e]	[dʒ] perd son articulation explosive et se simplifie en [ʒ]	[ʒḙnuʎ]	*id.*

29 La graphie *il* correspond à [ʎ].

ÉPOQUE	TRANSFORMATIONS PHONÉTIQUES	PRONONCIATIONS	GRAPHIES
	En moyen français, la forme *genoil* sera remplacée par *genou*, issue d'une extension analogique du vocalisme obtenu dans la transformation phonétique de la séquence [o] devant consonne[30] A la même époque [ę] se labialise en un son proche de [ø]		

c- Ces graphies se répartissent ainsi :

– pour [ɲ] intervocalique[31] : ***gn*** *(engignier, segnour, viegne)*
ign *(seignour, vieigne)*
final : ***ng*** *(poing)*
ngn *(poingn)*
n *(poin)*

– pour [ʎ] intervocalique[32] : ***ll*** *(conselle, mille)*
ill *(conseille, conseillier)*
li *(milie)*
le *(mile)*
final : ***il*** *(conseil)*
l *(consel)*

Dans ces graphies de [ʎ] et [ɲ] il s'observe une tendance à la distribution complémentaire entre les positions interne et finale :

— ***ill, ll, li*** sont ici (comme généralement ailleurs) réservées à [ʎ] intervocalique, la dernière graphie étant très nettement minoritaire

— ***il*** à [ʎ] final

mais ***l*** est commun aux deux positions.

30 Pour l'évolution de [ʎ] devant consonne, voir l'exercice suivant 14.3.2.

31 On rappellera que [ɲ] intervocalique ne provoque pas, en ancien français commun, de dégagement d'un « yod de transition ».

32 Voir la note 20.

— ***gn*** et ***ign*** sont ici réservées à [ɲ] intervocalique, ***ng, ngn, n*** à [ɲ] final ; mais ailleurs, si la séquence *gn* se trouve plutôt à l'intérieur des formes, la séquence *ng* (voire *g* seul) plutôt à la finale, *ngn*, parfois *n* (mais rare) se rencontrent aussi à l'intérieur d'une forme (ex. *vergongne, vergone*).

Exercice 14.3.2.

a-

mieuz < mḗlĭŭs

Epoque	Transformations phonétiques	Prononciations	Graphies
		[mḗlĭŭs]	
Avant le 1er s.	Maintien du [s] final parce que morphème Consonantification en [j] du [i] atone en hiatus	[mḗljŭs]	
1er->	Bouleversement vocalique (passage d'une opposition de quantité à une opposition de timbre, création de nouvelles corrélations de longueurs vocaliques) : [ĕ > ɛ]		
fin 1er-2e s.	devant [j], [l] se palatalise en [ʎ], ce qui provoque une entrave de la voyelle accentuée précédente	[mέʎus]	
3e s.	[ɛ] accentué devenu entravé ne connaît pas la diphtongaison spontanée (cf. ital. *meglio*), mais sous l'influence de l'intensité articulatoire de la palatale subséquente, connaît une diphtongaison conditionnée en [iɛ̯]	[miɛ̯ʎus]	

EPOQUE	TRANSFORMATIONS PHONÉTIQUES	PRONONCIATIONS	GRAPHIES
? 5e	[ŭ> o] en finale atone peut-être plus tardivement qu'ailleurs	[miɛ͓ʎos]	
7e s.	effacement de la voyelle finale atone autre que [a] => devenu au contact de [s] le [ʎ] connaît deux transformations conjointes correspondant à la décomposition de sa double articulation : – la perte du trait palatal qui engendre l'apparition d'un son dental épenthétique (la finale [ts] ainsi obtenue sera graphiée *z*) – une évolution comparable à celle de [l] en [ɫ] dit « vélaire » [33]	[miɛ͓ɫts]	
9e-12e	« vocalisation » de [ɫ] en un [u͓] qui, par coalescence avec la diphtongue précédente, forme une triphtongue [iɛ͓u͓] (mais la graphie *l* pourra se maintenir bien au-delà)	[miɛ͓u͓ts]	*mielz,* *mielz-* *mieuʒ*
~ 12e (ép. variable selon les régions)	« bascule de l'accent » sur le deuxième élément de la triphtongue, entraînant une consonantification du premier en [j] ; [jɛu͓] se labialise en [jøu͓]	[mjøu͓ts]	*mielz-* *mieuʒ*
13e	réduction de la séquence [øu͓] à [ø], du groupe [ts] à [s] (ce qui rendra possible la graphie par *x*)	[mjøs]	*mielz-* *mieuʒ*
fin 13e ->	Début de la désarticulation du [s] implosif	[mjø]	*miex-* *mieux*

[33] Voir la note 17.

ueil < ŏ́cŭlŭ(m)

Epoque	Transformations phonétiques	Prononciations	Graphies
Avant le 1er s.	Effacement précoce de la voyelle pénultième atone => formation du groupe [kl]	[ŏ́kŭlŭ]	
1er ->	Bouleversement vocalique (passage d'une opposition de quantité à une opposition de timbre : [ŏ > ɔ]		
mi-1er, 2e s.	A l'intervocalique le groupe [kl] se palatalise en [ʎ] par déplacement conjoint des deux points d'articulation et renforcement articulatoire ; cette palatalisation provoque l'entrave de la voyelle accentuée précédente	[ɔ́klu]	
fin 3e ->	Entravé, le [ɔ] accentué ne connaît pas de diphtongaison spontanée (cf. ital. *occhio*) mais, sous l'influence de l'intensité articulatoire de la palatale suivante, connaît une diphtongaison conditionnée (cf. prov. *uelh*) en [uǫ]		
? 5e	suite du bouleversement vocalique : [ŭ > o] peut-être plus tardivement en finale atone qu'ailleurs	[uǫʎo]	
8e	effacement de la voyelle finale atone autre que [a] ; même devenu final, [ʎ] ne provoque pas de dégagement de yod de transition ; cette consonne sera notée *l* ou *il* à la finale	[uǫʎ]	
fin 11e-début 12e	différenciation entre les deux constituants de la diphtongue [uǫ > uę] et bascule de l'accent sur le deuxième élément, entraînant la consonantification du premier		*uoil*

Epoque	Transformations phonétiques	Prononciations	Graphies
	=> [ɥe] qui se labialisera en [ɥø] vers la fin du siècle noté *ue, oe*	[ɥeʎ] [ɥøʎ]	*ueil, oeil*
13e	réduction de la diphtongue [ɥø] à [ø] débuts de l'affaiblissement de [ʎ] en [j], qui se généralisera surtout à partir du 17e mais n'aboutira pas partout avant le 20e siècle ; la graphie *il* perdure	[øʎ] [øʎ] et [øj]	*ueil, oeil*
16e ->	ouverture de [ø] en [œ] devant une consonne ou semi-consonne	[oeʎ] et [oej]	*oeil*

Les formes *genouz, ieuz.*

Devenu implosif devant [s] de flexion, [ʎ] final de base dans ces deux formes a, comme toute palatale, engendré la formation d'une dentale et a lui-même évolué comme le [l], en [ɫ] (transformation généralement quoique improprement appelée « vélarisation »[34]) puis en une semi-consonne qui se vocalisera en un [u̯], lequel forme une coalescence avec le vocalisme précédent ; d'où, respectivement, [dʒenou̯ts], [ue̯u̯ts].

La diphtongue de coalescence [ou̯] se monophtongue en [u] au 13e siècle ; d'où, compte tenu d'autres transformations (voir l'exercice précédent) [ʒe̯nu]
Dans la triphtongue de coalescence [ue̯u̯] il se produit, à un stade qu'il est difficile de préciser – avant ou après la bascule de l'accent ? – une dissimilation du premier élé-

[34] Voir l'exercice n° 6, note 1.

ment par rapport au dernier, qui aboutit à la formation d'un son palatal ; d'où, après la bascule de l'accent, [jeu̯ts], puis, après monophtongaison en [ø] de la séquence [eu̯], [jøts]
Au 13e siècle, [ts] se simplifie en [s] graphié *z* ou *s*, dont la prononciation commence à s'amuïr devant consonne dans la chaîne parlée : [ʒe̥nu(s)], [jø(s)].

Dans [ʒe̥nu(s)] la finale de la base ainsi obtenue devant [s] sera, par analogie, étendue au singulier ; mais ce type d'extension analogique n'a pas touché [oeʎ], qui s'opposera ainsi à la forme du pluriel [jø]

b-
A la prononciation [mjeu̯ts] puis [mjøts] ont correspondu les graphies *mielz, mieulz*, qui ont pu continuer à être employées même au-delà de la réduction de [ts] à [s], où elles ont été concurrencées par celles qui ne peuvent correspondre qu'à [mjøs] : *miex, mielx, mieulx, mieux.*
En effet, la lettre *z* a noté initialement le groupe [ts], alors que la lettre *x* était l'équivalent de *us* derrière voyelle, soit lorsque *u* notait un [u̯] (semi-voyelle et non voyelle).
Dans *mielz*, *l* a pu être un phonogramme, notant [ɫ] jusqu'à l'époque de la vocalisation de ce son en [u̯] (voir exercice n° 6) ; dès lors et très précocement dans l'histoire des graphies françaises, *l* n'a plus représenté qu'une graphie historique (rétrograde), éventuellement en redondance avec la notation de [u̯] par *u* (*mieulz*), voire par *x* (*mieulx*) ; dans cette dernière forme, trois signes graphiques différents correspondent à ce qui a été le même son [u̯] ; ce qui tendrait à signifier déjà, dans les codes graphiques médiévaux, l'acquisition d'une

nouvelle fonction pour *x*: celle de variante (qu'il est resté) de *s* en finale (ex. *mieux*).
Mix (= *mius*) est une forme du Nord qui correspond à une prononciation aussi régionale [miu̯s] issue de la réduction, propre à ce domaine dialectal, de la triphtongue [ię̯u̯].

Exercice 15

a-

Dans les aboutissements respectifs de *mercḗde(m)* et de *licḗre*, le timbre [i] est issu de l'évolution de [e < ē] accentué libre derrière palatale ; cet aboutissement s'explique :

— ou par une fermeture « directe » de [e] en [i] sous l'influence de la palatale précédente

— ou par une diphtongaison spontanée en [ei̯] dont le premier élément se serait fermé sous la même influence de la palatale précédente.

Dans les aboutissements de *mĕ́diu(m), pĕ́jus, lĕ́ctu(m), prĕ́tiu(m)*, le timbre [i] est issu de la monophtongaison (par assimilation de l'élément médian) d'une triphtongue [ię̯i̯], celle-ci due à la coalescence d'une diphtongue [ię̯] (produit de la diphtongaison conditionnée du [ɛ <ĕ] devant palatale) avec un [i̯] de différentes origines :

— dans *pejus*, le yod est primaire ; intervocalique, il était prononcé géminé [jj] et le premier élément, implosif, s'est vocalisé par la suite

— dans *mediu(m), pretiu(m)*, la consonantification en [j] du [i] atone en hiatus a fait se palataliser la consonne précédente : dans *mediu(m)*, [d] est, par assimilation, passé à [j] (« fausse » palatalisation) ; dans *pretiu(m)*, [tj] a évolué en [ţ] > [ţ ş] (par déplacement du point d'articulation dans la zone palatale et assibilation due au renforcement articulatoire), puis en [ḑẓ] par sonorisation à l'intervocalique et cette palatalisation a provoqué le dégagement d'un yod de transition, entré ainsi au contact de la voyelle précédente

— dans *lectu(m)*, le [i̯] est issu de la vocalisation du [j] implosif, lui-même dû à la « fausse » palatalisation de [k] implosif devant [t].

Dans les aboutissements de *dominícella(m)* et *occasiṓne(m)*, le [i] est dû à la fermeture, sous l'influence de la consonne palatale subséquente, d'un timbre vocalique constituant d'une diphtongue [ei̯] prétonique :

— dans *dominicella(m)*, la palatalisation du [k^e] intervocalique a provoqué l'apparition d'un yod de transition qui a formé avec le [e < ĭ] une diphtongue de coalescence [ei̯]

— dans *occasione(m)*, la palatalisation du [s] – par le [j] issus de la consonantification du [i] atone en hiatus – a provoqué le dégagement d'un yod de transition ; le [a], sous la double influence de sa position prétonique interne (voir exercice n° 1) et de la palatale subséquente, s'est fermé en [e] qui a formé avec le yod de transition une diphtongue de coalescence [ei̯] ; cette fermeture en [i], qui peut se trouver dans toutes les régions, est particulièrement fréquente dans les dialectes du Nord.

b-

[k ^{a}] initial dans *cambiátu(m), cabállu(m), captiáta(m)*, s'est palatalisé (« vraie » palatalisation) en [ķ > ţ] (par déplacement du point d'articulation et renforcement articulatoire) qui s'est décomposé en [tʃ] en une assibilation due à un début de relâchement articulatoire, plus tard réduit à [ʃ] ; si le [a] subséquent était atone et libre, il s'est fermé en [ẹ] sous l'influence de la palatale (*cheval* vs *chacie*)

[k ª] intervocalique dans *vindicáre* s'est sonorisé en [g] qui, après l'effacement de la voyelle prétonique interne, est devenu appuyé.

Ce **[g ª] appuyé** a connu, avec la sonorité en plus, la même palatalisation que [kª] initial : [g̹ > d̹ > dʒ] ; sous l'effet de cette palatalisation, le **[a] subséquent, accentué libre, a abouti à [je]** ; cette évolution particulière, appelée **« loi » ou « effet de Bartsch »**, s'explique

— ou par une fermeture préalable de [a] en [ɛ], suivie d'une diphtongaison spontanée en [iẹ̯] passé à [je]

— ou par une diphtongaison spontanée de [a] en [aẹ̯] dont le premier élément se serait fermé sous l'influence de la palatale.

C'est la même évolution pour le [a] accentué de *laxáre, sapiátis, cambiátu(m), commeátu(m)*. Dans *laxare* – où *x* note [ks] – la palatalisation consonantique est celle du [s], elle-même entraînée par celle du [k] implosif en yod ; ce dernier, après s'être vocalisé en[i̯], a formé avec le [a] initial précédent une diphtongue de coalescence. Dans les autres formes, la palatale à l'origine de l'évolution particulière du [a] est le yod issu de la consonantification du [i] atone en hiatus ; ce yod, articulé derrière labiale, a lui-même évolué comme à l'initiale, par renforcement articulatoire en [t] lorsqu'il était sourd (derrière [p]), en [d] lorsqu'il était sonore (derrière [b] [m]).

L'évolution du [a] accentué libre de *captiáta(m)* relève aussi de « l'effet de Bartsch » , ici dû à la palatalisation du [t] sous l'effet du yod issu de la consonantification du [i] atone en hiatus. Dans la désinence *-áta(m)*, la diphtongue [iẹ̯] à laquelle a abouti le [a] accentué s'est trouvée, après l'effacement de la consonne intervocalique, au contact du [ę̥] venu du [a] final atone; dans la séquence ainsi formée [i̯ę̥] la réduction de la diphtongue a pu s'opérer alors qu'elle était encore descendante; d'où l'aboutissement [i] pour le [a].

Dans *plácea(m), soláciu(m), bráchia, minácia(m),* le suffixe *-ĭ́cia(m),* [k] s'est trouvé au contact d'un yod après la consonantification du [e] ou du [i] atone en hiatus. **[kj] intervocalique** évolue en [k̮ > t̯- > t̯s̮] qui n'entraîne pas de dégagement de yod de transition; cette **palatalisation** a suffi à **provoquer l'entrave de la voyelle accentuée précédente**, initialement libre en latin; de même s'est trouvée entravée la voyelle accentuée de *vermĭ́culu(m)* après la palatalisation en [ʎ] du groupe [kl] formé par l'effacement (précoce) de la voyelle pénultième atone; de ce fait, la voyelle accentuée a gardé son timbre, originel pour [a] (*place, solaz, brace, menace*), acquis après le bouleversement vocalique pour [e] < [ĭ] (*-ece, vermeil*).

Lorsque la voyelle accentuée précédant la consonne palatale était [ɛ < ĕ] ou [ɔ < ŏ] comme dans *hŏ́die* et *mĕ́lior* (où [d̮] et [ʎ] ont été produits par la consonantification du [i] atone en hiatus), elle a connu la **diphtongaison conditionnée**.

Dans *grándior*, le [i] atone en hiatus s'est consonantifié en [j], palatalisant le [d] précédent qui a aussi palatalisé le [n], l'ensemble [ndj] aboutissant à [ɲ]; devenu implosive (après l'effacement de la voyelle finale atone), cette consonne palatale a provoqué le dégagement d'un yod de transition qui a formé une diphtongue de coalescence avec la voyelle précédente.

c-

loisir < lĭcḗre

Epoque	**Transformations phonétiques**	**Prononciations**	**Graphies**
		[lĭkḗre]	
1er-3e s.	Bouleversement vocalique : passage d'une opposition de quantité à une opposition de timbre (et création de nouvelles corrélations de quantités vocaliques en fonction du caractère tonique ou atone, de la position dans une syllabe fermée ou ouverte) : [ē] tonique > [e] ; de même la voyelle atone finale fin du 2e s. - début du 3e s. : [ĭ] > [e] [k] intervocalique devant [e] accentué se palatalise avec : – un déplacement de l'articulation dans la zone palatale : [k] > [k̨] > [t̨] – un renforcement articulatoire qui aboutit à la production d'une assibilation : [t̨s̨] - la production d'un yod de transition, semi-voyelle qui forme avec la voyelle précédente une diphtongue de coalescence [ei̯]	[lei̯t̨s̨ére]	
avant la fin du 4[e]	Sonorisation de [t̨s̨] à l'intervocalique en [d̨z̨]	[lei̯d̨z̨ére]	
	Sous l'influence de la palatale précédente, le [e] accentué libre aboutit à [i], cette transformation pouvant s'expliquer de deux façons : - ou par une fermeture sous l'influence fermante de la palatale - ou par l'intermédiaire d'une diphtongaison spontanée, au 6e siècle, en [ei̯] dont le premier élément se fermerait sous l'influence de la palatale précédente	[lei̯d̨z̨ire]	

Epoque	Transformations phonétiques	Prononciations	Graphies
7e s.	Dépalatalisation : [d̬z̬] > [dz]	[lei̯dzire]	
8e s.	Amuïssement de la voyelle atone finale, parce que autre que [a]	[lei̯dzir]	
avant la mi-12e	Dans la diphtongue de coalescence [ei̯], il se produit une dissimilation qui aboutit à [oi̯] graphié *oi*	[loi̯dzir]	*leisir* *loisir*
fin 12e-13e	Une réduction dans la différence d'aperture entre les deux constituants fait passer [oi̯] à [ue̯] et une « bascule » de l'accent sur le deuxième élément provoque la consonantification du premier : > [we] qui s'ouvre en [wɛ] graphié *oi*, parfois *oe, o(u)e*	[lwɛdzir]	*loisir*
13e s.	Simplification de [dz] en [z]		
fin 13e	Débuts de l'ouverture de [wɛ] en [wa] dont la graphie dominante continuera à être *oi*, mais en concurrence avec *oa, oua* Jusqu'au 18e, trois prononciations sont attestées, en [wɛ] parfois réduite à [ɛ], en [wa]	[lwɛzir] // [lɛzir] // [lwazir]	
14e s. ->	Dans la chaîne parlée [r] final commence à s'amuïr devant initiale consonantique puis à la pause	[lwɛzi(r)]// [lɛzi(r)]// [lwazi(r)]	*loisir*
17e s.	Là où il continue à être prononcé, [r] apical se transforme en [R] dorsal		
18e s.	Généralisation de la prononciation [wa] ; restauration de la prononciation du [R] final	[lwaziR]	*id.*

chaussie < calcĭáta(m)

Epoque	Transformations phonétiques	Prononciations	Graphies
		[kalkĭáta]	
Avant le 1er s.	consonantification en [j] du [i] atone en hiatus	[kalkjáta]	
fin 1er-2e s.	– devant la semi-consonne palatale [k] se palatalise et le groupe [kj] évolue en [k̬] qui se confond avec [t̬] par déplacement du point d'articulation dans la zone palatale, puis en [t̬s̬] par assibilation sous l'effet du renforcement articulatoire.	[kalt̬s̬áta]	
fin 4e	[t] intervocalique se sonorise en [d]	[kalt̬s̬áda]	
début du 5e s.	[k a] à l'initiale se palatalise: – par déplacement de son point d'articulation en [k̬] puis [t̬] et renforcement articulatoire – par décomposition de la palatale avec assibilation en [tʃ] qui sera graphié *ch* (à l'aide de la lettre diacritique *h* adjoint au *c*)	[tʃalt̬s̬áda]	
fin 5e	[d] intervocalique se spirantise en [ð]	[tʃalt̬s̬áða]	
6e	[a] atone initial, derrière palatale, garde son timbre car en syllabe entravée [a] final atone s'affaiblit en [ę] [a] accentué libre derrière palatale se diphtongue en [iɛ̯], évolution particulière due à la palatale précédente et appelée «loi» ou «effet de Bartsch»; deux hypothèses ont été avancées pour en rendre compte: – celle d'une fermeture du [a] en un [ε] qui se serait diphtongué comme les [ε] primitifs	[tʃalt̬s̬iɛ̯ðę]	

Epoque	Transformations phonétiques	Pronon-ciations	Graphies
	– celle d'une diphtongaison du [a] en [aɛ̨̯] suivie d'une fermeture du premier élément de la diphtongue sous l'influence de la palatale		
~ 7e ->	– dépalatalisation de [ţ ş] en [ts] – transformation du [l] antéconsonantique en un [ɫ] dit « vélaire »[35] – sans doute dès le cours du 9e s.[36] et avant la fin du 11e s. amuïssement du [ð] intervocalique ; => formation de la séquence finale [iɛ̨̯ę̥]	[tʃaɫtsiɛ̨̯ðę̥] [tʃau̯tsiɛ̨̯ę̥]	
10e ->	« vocalisation » du [ɫ] en un [u̯] qui forme avec la voyelle précédente une diphtongue de coalescence ; mais la graphie *l* a pu perdurer – la séquence de deux réalisations atones de ce qui devait être le même phonème a pu favoriser la réduction de [iɛ̨̯] à [i] alors qu'elle était encore descendante (= accentuée sur son premier élément) ; dans un tel cas d'hiatus avec [ę̥], cette réduction est attestée dans une aire géographique beaucoup plus vaste que celle (picard, wallon, lorrain) où elle se produit ordinairement et finit par toucher l'ensemble des régions de langue d'oïl ; d'où [ię̥] graphié *ie* qui tend très vite à se prononcer en une seule syllabe ; mais, lorsque cette réduction précoce ne s'est pas produite, la bascule de l'accent sur le deuxième élément a entraîné la prononciation [jeę̥] qui s'est maintenue, graphiée *iee (chaussiee)*	[tʃau̯tsię̥] [tʃau̯tsię̯]	*chalcie,* *chaucie*

35 Voir la note 12.

36 Voir la note 13.

EPOQUE	TRANSFORMATIONS PHONÉTIQUES	PRONONCIATIONS	GRAPHIES
13e	[tʃ] s'est réduit à [ʃ] graphié *ch* et [ts] s'est réduit à [s] graphié *c* ou *ss*	[ʃau̯sie̯]	*chaussie*
fin 15e	la diphtongue [au̯] s'est monophtonguée en [o]	[ʃosie̯]	*id.*

merci < *mĕrcḗde(m)*

EPOQUE	TRANSFORMATIONS PHONÉTIQUES	PRONONCIATIONS	GRAPHIES
	Effacement très ancien du [m] final	[mĕrkḗde]	
1er-3e s.	Bouleversement vocalique : passage d'une opposition de quantité à une opposition de timbre, en premier lieu pour les voyelles toniques : [ē] > [e] ; de même, mais peut-être un peu plus tard pour la voyelle palatale en position atone, à l'initiale et à la finale 1re moitié du 3e s. : [k] appuyé devant [e] accentué se palatalise avec : – un déplacement du point d'articulation dans la zone palatale : [k >[k̜] > [t̜] – un renforcement articulatoire qui provoque une assibilation : > [t̜s̜], processus qui correspond à ce qui a été appelé « vraie palatalisation »	[mert̜s̜éde]	
5e-6e s.	A l'intervocalique, l'occlusive dentale [d] se spirantise en [ð] Sous l'influence de la palatale précédente, le [e] accentué libre aboutit à [i], cette transformation pouvant		

Epoque	Transformations phonétiques	Prononciations	Graphies
	s'expliquer de deux façons : – ou par une fermeture du [e] sous l'influence fermante de la palatale – ou par l'intermédiaire d'une diphtongaison spontanée, au 6e siècle, du [e] en [ei̯], voire la formation d'une triphtongue [jei̯] monophtonguée avant le 9e siècle	[mert̡şiðe]	
7e s.	Dépalatalisation : [t̡ş] > [ts]	[mertsiðe]	
8e s.	Amuïssement de la voyelle atone finale, parce que autre que [a] ; devenue finale, la spirante sonore [ð] s'assourdit en [θ] qui sera noté *t, d*	[mertsiθ]	*mercit, mercid*
mi-10e[37]	En ancien français commun, amuïssement de la spirante dentale derrière voyelle accentuée	[mertsi]	*merci*
12e	[e] initial, en syllabe fermée, s'ouvre en [ɛ] sous l'influence du [r] implosif	[mɛrtsi]	
13e	[ts] se simplifie en [s] par effacement de l'élément occlusif ; la graphie *c* perdure et peut entrer en concurrence avec *s*	[mɛrsi]	*merci, mersi*
17e	[r] apical devient [R] dorsal	[mɛRsi]	*merci*

[37] Voir la note 18.

pechié > pĕccátŭ(m)

Epoque	Transformations phonétiques	Prononciations	Graphies
—	Effacement très ancien du [m] final	[pĕkkátŭ]	
1e-3e s.	Bouleversement vocalique (transfert de marques phonologiques) : passage d'une opposition de quantité à une opposition de timbre (et création de nouvelles corrélations de quantités vocaliques en fonction du caractère atone ou tonique de la voyelle, fermé ou ouvert de la syllabe)[38], mais sans influence sur la voyelle [a] : [ĕ] atone > [ɛ] en syllabe entravée, mais à l'initiale il y a hésitation de timbre, qui se résoudra au profit de [e]. L'évolution de la voyelle atone finale est sans doute un peu plus tardive	[pekkátu]	
fin 4e	A l'intervocalique, la dentale sourde [t] se sonorise en [d]	[pekkádu]	
? 5e s.	Fin du bouleversement vocalique : en finale atone [ŭ] > [o] sans doute un peu plus tard qu'ailleurs En ancien français commun, [k] appuyé devant [a] se palatalise, mais d'une façon moindre que, dans la même position, lorsqu'il est articulé devant [e] ou [i] ; le processus correspond néanmoins à une « vraie palatalisation », avec : – déplacement du point d'articulation dans la zone palatale et renforcement articulatoire : [k] > [k̯] > [t̯]		

[38] Par commodité de présentation, ces nouvelles quantités n'ont pas été indiquées ici.

Epoque	Transformations phonétiques	Prononciations	Graphies
	– avec empiètement de la détente sur la tenue : [t̮] > [t̮ʃ̮] Devenu implosif, le premier [k] s'assimile et s'amuït	[pet̮ʃ̮ádo]	
fin 5e-6e	A l'intervocalique, l'occlusive dentale [d] se spirantise en [ð]	[pet̮ʃ̮áðo]	
6e s.	[a] accentué libre derrière palatale aboutit à [je], par l'intermédiaire d'un stade [ię], transformation appelée « loi » ou « effet de Bartsch », qui a reçu deux explications : – par l'intermédiaire d'une diphtongaison spontanée en [aę] dont le premier élément se serait fermé sous l'influence de la palatale – par une fermeture, sous l'influence de la palatale, du [a] en [ɛ] qui, accentué libre, se serait segmenté par diphtongaison spontanée en [ię] Dans les deux hypothèses, c'est la « bascule » de l'accent sur le deuxième élément de la diphtongue qui provoque la consonantification du premier en [j] et l'aboutissement en [je]	[pet̮ʃ̮jeðo]	
7e s.	Dépalatalisation : [t̮ʃ̮] > [tʃ]	[petʃjeðo]	
8e s.	Amuïssement de la voyelle atone finale parce que autre que [a] ; devenue finale, la spirante sonore [ð] s'assourdit en [θ], qui pourra être noté *t*, *d*	[petʃjeθ]	*pechiet*, *pechied*
mi-10e[39]	Amuïssement de la spirante [θ] derrière voyelle accentuée	[petʃje]	*pechié*

[39] Voir la note 18.

EPOQUE	TRANSFORMATIONS PHONÉTIQUES	PRONONCIATIONS	GRAPHIES
11e s.	[e] initial atone en syllabe ouverte s'affaiblit en [ȩ̥]	[pȩ̥tʃje]	
13e s.	[tʃ] se réduit à [ʃ] et [je] à [e]	[pȩ̥ʃe]	*peché*
15[e]	[ȩ̥] se labialise en un son proche de [ø]		
16e ->	Sous l'effet de la réforme érasmienne, ce son initial a été remplacé par [e]	[peʃe]	*id.*

pecheör > pĕccātṓre(m)

EPOQUE	TRANSFORMATIONS PHONÉTIQUES	PRONONCIATIONS	GRAPHIES
	Amuïssement très ancien du [m] final	[pĕkkātṓre]	
1er s. ->	Bouleversement vocalique : [ō] > [o] ; à l'initiale, en syllabe entravée [ĕ] > un son incertain qui devient par la suite [e] ; de même pour la voyelle finale atone	[pekkatóre]	
avant la fin du 4[e] s.	A l'intervocalique [t] se sonorise en [d] A l'initiale [p] maintient son articulation	[pekkadóre]	
5[e] s.	[k][a] appuyé connaît une « vraie palatalisation » (mais moindre que celle qui l'affecte devant [e] ou [i]) : – avec déplacement et renforcement articulatoire : [k] > [k̥] > [t̥] – avec empiètement de la détente sur la tenue : > [t̥ʃ̆] Assimilation et effacement du premier [k]	[pet̥ʃ̆adóre]	

Epoque	Transformations phonétiques	Prononciations	Graphies
fin 5e-6e	A l'intervocalique l'occlusive dentale [d] se spirantise en [ð]	[peṭ͜ʃaðóre]	
6e s.	Diphtongaison spontanée du [o] accentué libre en [oṷ], qui sera graphié *o* ou *ou* Affaiblissement du [a] prétonique interne en [ȩ]	[peṭ͜ʃȩðoṷre]	
7e s.	Dépalatalisation : [ṭ͜ʃ] > [tʃ]	[petʃȩðoṷre]	
8e s.	Amuïssement du [e] final atone	[petʃȩðoṷr]	*pecheor,*
11e s.	Affaiblissement du [e] initial atone en [ȩ]	[pȩtʃȩðoṷr]	*pecheour*
12e s.	Évolution de la diphtongue [oṷ] : – en ancien français commun, par différenciation, en [eṷ] graphié *o* ou *eu* (mais rare avant le 13e) – dialectalement, par monophtongaison, en [u] graphié *o* puis (13e ->) *o* ou *ou*	[pȩtʃȩeṷr]	*pecheor, pecheour, pecheeur*
fin 12e-13e	Monophtongaison de [eṷ] en [œ] ou [ø] (qui ne se différencieront qu'au 17e s.)		
13e	[tʃ] se réduit à [ʃ] graphié de la même façon *ch* [ȩ] atone en hiatus commence à s'effacer, mais la graphie *e* peut perdurer	[pȩʃœr]	*pech(e)eur*
15e->	[r] peut s'effacer à la finale, dans les noms en *-eur* surtout au 17e [ȩ] initial se labialise en un son proche de [ø]	[pȩʃœ(r)]	

Epoque	Transformations phonétiques	Prononciations	Graphies
16e ->	Sous l'effet de la réforme érasmienne ce son initial est remplacé par [e]		
17e	Là où il continuait à être prononcé, [r] apical devient [R] dorsal	[peʃœ(R)]	
mi-18e	Dans cette finale, la prononciation du phonéme /r/ est rétablie. L'accent aigu note [e]	[peʃœR]	*pécheur*

nuit < nŏ́cte(m)

Epoque	Transformations phonétiques	Prononciations	Graphies
	Effacement très ancien de [m] final	[nŏ́kte]	
1er s. ->	Bouleversement vocalique : sous l'accent [ŏ] > [ɔ] en finale atone, la voyelle palatale > [e]	[nɔ́kte]	
fin 3e	[k] implosif devant [t] s'affaiblit en [j] par déplacement et affaiblissement articulatoire (« fausse palatalisation »)	[nɔ́jte]	
3e-4e s.	Sous l'influence de la palatale le [ɔ] accentué entravé se segmente par diphtongaison conditionnée en [uɔ̯]	[nuɔ̯jte]	
8e s.	Amuïssement du [e] final atone ; [t] appuyé par la semi-consonne [j] se maintient	[nuɔ̯jt]	

EPOQUE	TRANSFORMATIONS PHONÉTIQUES	PRONON-CIATIONS	GRAPHIES
après la mi-9e	Vocalisation de [j] en [i̯] => formation d'une triphtongue [uo̯i̯] qui évolue en [yi̯] par antériorisation du premier élément en [y] et assimilation de l'élément médian ; cette diphtongue peut assoner en [y] parfois jusqu'à la fin du 13e siècle, mais aussi en [i] au cours de ce même siècle selon le moment, variable, où s'est opérée la « bascule » de l'accent	[nyi̯t] // [nɥit]	*nuit*
15e ->	Dans la chaîne parlée [t] commence à s'amuïr devant initiale consonantique, mais se maintient à la pause jusqu'au 17e siècle et devant initiale vocalique ; la graphie *t*, permanente, fonctionne dès lors comme constituant de logogramme	[nɥi(t)]	*nuit*

Exercice 16

a-

Cálce(m) > chauz: palatalisation du [k ^{a}] initial en [ķ > ţ] qui s'assibile en [tʃ], du [k ^{e}] appuyé en [ķ > ţ] qui s'assibile en [ţ ş].

Lactúca(m) > laitue : [k] implosif se palatalise (« fausse » palatalisation) en [j], [k ^{a}] intervocalique derrière vélaire s'efface.

Báca(m) > baie : [k ^{a}] intervocalique derrière [a] se palatalise (« fausse » palatalisation) en [j].

Cóxa(m) > cuisse : [k ^{o}] initial reste, [k] implosif ([koksa]) se palatalise (« fausse palatalisation) en [j].

Músca(m) > mouche: [k ^{a}] appuyé évolue comme le [k ^{a}] initial de *calce(m).*
Bláncu(m) > blanc: [k] appuyé devant vélaire reste.
Blánca(m) > blanche: voir *musca(m).*
Fócu(m) > feu: [k] entre deux voyelles vélaires s'efface.
Mánica(m) > manche: [k ^{a}] est devenu appuyé après l'effacement de la voyelle pénultième atone; voir *musca(m).*
Focácia(m) > fouace: [k ^{a}] derrière vélaire s'efface; après consonantification en [j] du [i] atone en hiatus, [kj] se palatalise (« vraie » palatalisation) en [k̮ > t̮] qui s'assibile en [t̮ s̮].
Angústia(m) > angoisse: après consonantification en [j] du [i] atone en hiatus, [tj] évolue en [t̮] qui s'assibile en [t̮ s̮], palatalise aussi le [s] précédent et provoque le dégagement d'un yod de transition.
Círculu(m) > cercle: [k] initial devant [e < ĭ] évolue comme [k ^{e}] appuyé de *cálce(m)*; l'effacement de la pénultième atone provoque la formation d'un groupe [kl] qui, appuyé, reste.
Cíngula > sangle: pour [k] initial, pour la formation et le maintien d'un groupe consonantique, voir *circulu(m).*
Perículu(m) > peril; l'effacement de la voyelle pénultième atone provoque la formation d'un groupe [kl] qui, à l'intervocalique, évolue en [ʎ].
Rúga(m) > rue: [g ^{a}] intervocalique après vélaire s'efface.
Decánu(m) > deiien: voir *baca(m)*
Fráxinu(m) > fraisne: voir *coxa(m)*
Tinctúra(m) > teinture: [k] implosif se palatalise (« fausse » palatalisation) en [j] qui palatalise le [n] en [ɲ], lequel provoque le dégagement d'un yod de transition parce que implosif.
Púnctu(m) > point: voir *tinctura(m)*
Frígidu(m) > froit: [g ^{i}] intervocalique derrière voyelle palatale se palatalise (« fausse » palatalisation) en [j].

b-

loer < lŏcáre

Epoque	Transformations phonétiques	Prononciations	Graphies
		[lŏkáre]	
1er s. ->	Bouleversement vocalique, sans incidence sur le [a] accentué ; les voyelles atones, initiale et finale aboutissent à un timbre fermé, respectivement [o] et [e]		
avant la fin du 4e s.	[kª] intervocalique se sonorise en [g] puis, parce que devant l'accent et derrière une voyelle vélaire, s'efface	[logáre]	
6e s.	[a] accentué libre aboutit à [e], ce qui s'explique – ou par antériorisation – ou – hypothèse la plus généralement admise – par l'intermédiaire d'une diphtongaison spontanée en [aę]	[loere]	
8e s.	Amuïssement de la voyelle atone finale, puisque autre que [a]	[loer]	*loer*
11e-13e	[o] initial atone se ferme en [u] graphié *o* (graphie dès lors rétrograde), en concurrence (à partir du 13e siècle) avec *ou*	[luer]	*loer, louer*
14e ->	Dans la chaîne parlée [r] peut s'amuïr devant initiale consonantique, puis à la pause ; la lettre *r* fonctionne dès lors comme signe diacritique (indiquant le timbre [e] de la voyelle précédente) et comme constituant de morphogramme (*-er* apportant l'information d'infinitif)	[lue(r)]	
17e s.	Là où il pouvait continuer à être articulé, [r] apical devient [R] dorsal	[lue(R)]	*louer*

paier < pacáre

Epoque	Transformations phonétiques	Prononciations	Graphies
		[pakáre]	
1er s. ->	Bouleversement vocalique, sans incidence sur le [a] ; la voyelle finale atone aboutit à un timbre fermé : [e] A l'initiale, [p] maintient son articulation		
avant la fin du 4e s.	[k] entre deux voyelles de timbre [a] et devant l'accent, se sonorise en [g] qui se palatalise en [j] par déplacement et affaiblissement articulatoires (« fausse palatalisation »)	[pagáre]	
	[j] intervocalique peut engendrer un [i̯] qui forme avec la voyelle précédente une diphtongue de coalescence	[pajáre] // [pai̯járe]	
6e s.	Sous l'influence de la semi-consonne palatale précédente, [a] accentué libre aboutira à [ie̯] puis [je], transformation appelée « loi » ou « effet de Bartsch » qui peut recevoir deux explications : – l'évolution d'une diphtongue [ae̯] elle-même issue d'une diphtongaison spontanée du [a] – la fermeture du [a] en un [ɛ] qui se serait segmenté par diphtongaison spontanée en [ie̯]	[pajer] // [pai̯jer]	
8e s.	Amuïssement du [e] final atone	[pajer] // [pai̯jer]	
fin 11e-début 12e s.	La diphtongue [ai̯], quand il y en avait une, évolue, par fermeture du premier élément, en [ɛi̯] graphié *ai* (graphie dès lors rétrograde)	[pajer] // [pɛi̯jer]	*paiier*, *paier*

Epoque	Transformations phonétiques	Prononciations	Graphies
	Les deux prononciations semblent attestées jusqu'au 17e siècle, graphiées de la même façon		
15e s. ->	Dans la chaîne parlée [r] final commence à s'amuïr devant initiale consonantique, puis à la pause ; la lettre *r*, qui continue à être employée, fonctionne dès lors comme signe diacritique (indiquant le timbre [e] de la voyelle précédente) et comme constituant de morphogramme (*-er* apportant l'information d'infinitif)	[paje(r)] // [pɛje(r)]	*paier, paiier, payer*
17e s.	Là où il peut continuer à être articulé, [r] apical devient [R] dorsal Normalisation de la graphie en *y*	[pɛje(R)]	*id.* *payer*

Exercice 17

a- Aux fins de vers, les assonances permettent de reconstituer les prononciations de l'époque du texte (surtout de sa mise en écrit) : lorsque des finales graphiées *an* assonnent avec des finales *a*, cela prouve la même articulation de la voyelle, qu'elle soit ou non devant consonne nasale ; mais lorsque les finales graphiées *an* sont systématiquement dissociées de finales graphiées *a*, cela tend à prouver une prononciation différente pour les deux réalisations du phonème /a/, devant nasale et ailleurs : est ainsi révélé le trait nasal de la

voyelle graphiée *a* dans la finale *an*. De même pour les autres timbres vocaliques et les graphies *on, in* etc.
Dans le texte de la *Chanson de Roland* donné par son manuscrit le plus ancien (du début du 12e siècle, copié dans le domaine anglo-normand, dont il porte les marques dialectales), les graphies *in* et *i* de la laisse 31 sont unies dans la même assonance, qui se révèle ainsi être en [i] ; de même, les graphies *o/ou/u*[40] et *un/um* ainsi que *oin/oign* dans l'assonance en [o] de la laisse 106, qui révèle aussi, par ailleurs, la prononciation de *poinz, bosoign* en [oi̯]. En revanche, la laisse 96 qui assonne en [a] ne contient aucune finale *an*[41], tandis que la laisse 110 non seulement ne comporte que des graphies avec *n*, mais unit dans la même assonance des finales *an* et *en* ; ce qui prouve à la fois l'existence de réalisations nasalisées pour les deux phonèmes /a/ /e/ et leur confusion en un même aboutissement [ã]. La forme *Seinz* - si elle correspond bien à une mention de la ville de Sens – apparaît comme un exemple de « graphie inverse »: les diphtongues [ei̯] ont tendu à se réduire à [ɛ] en anglo-normand (voir exercice n° 9) ; de ce fait, pour noter toute réalisation du phonème /e/ on a pu trouver, dans ces régions, la graphie *ei.*
Ce manuscrit témoigne du caractère encore oral des voyelles [o] et [i] au moment où la nasalisation était déjà opérée des voyelles [ã] et [ẽ] ; il témoigne aussi de la confusion de ces dernières en un même aboutissement [ã].

40 La graphie *u*, correspondant à *o* des formes communes, est caractéristique de la *scripta* anglo-normande.

41 Il s'en trouve dans ce manuscrit, mais elles restent exceptionnelles ; voir l'édition G. Moignet, p. 280 ; on notera, par ailleurs, dans la même laisse la présence de la forme *valt*, qui confirme la prononciation [au̯] (voir exercice n° 12).

b- Depuis que, dans *vénerunt*, l'effacement de la pénultième atone a mis au contact de [r] la consonne dentale nasale [n], l'articulation de celle-ci est à l'origine de la production d'un [d] épenthétique; mais la présence de ce [d][42] trouve aussi une explication synchronique dans l'engendrement des formes verbales de l'ancien et du moyen français: la jointure entre la base *vin-* de passé défini et le morphème *-r-* de P.6 de passé défini a entraîné la même épenthèse tant que le [n] final dela base est resté articulé, soit pendant tout le Moyen âge: la base *vin-* a été prononcée d'abord et sans doute jusqu'à la fin du 13e siècle, [vin] puis, après nasalisation du [i] sous l'effet du [n] subséquent, [vɛ̃n]. Au 16e siècle voire bien avant, tandis que la prononciation [ɛ̃] se maintenait, le [n] final de base s'est effacé au passé défini où il était implosif: [vɛ̃n] > [vɛ̃], le *n* graphique ne notant plus que le trait nasal de la voyelle; cet effacement de la consonne finale de base a entraîné la disparition de l'épenthèse à la jointure avec le morphème suivant.

c-

*montagne < *mōntánĕa(m)*

Epoque	Transformations phonétiques	Prononciations	Graphies
		[mōntánĕa]	
Avant le 1er s.	[e] atone en hiatus se consonantifie en [j]	[montánja]	
fin 1er-2e s.	[j] palatalise le [n] précédent en [ɲ] qui, à l'intervocalique, ne provoque pas de dégagement de yod de transition; cette palatalisation entrave la voyelle accentuée précédente	[montáɲa]	

42 Dans les formes communes ; on rappellera que le dialecte picard pratique peu d'épenthèses : *vinrent* y alterne avec *vindrent.*

EPOQUE	TRANSFORMATIONS PHONÉTIQUES	PRONONCIATIONS	GRAPHIES
1er s. ->	bouleversement vocalique (passage d'une opposition de quantité à une opposition de timbre, création de nouvelles corrélations de longueurs vocaliques) : [ō > o]	[montáɲa]	
	Au 4e, [t] appuyé garde son articulation		
6e	devenu entravé, [a] accentué garde son timbre ; [a] final atone s'affaiblit en [ẹ] ; [ɲ] sera graphié *gn* ou *ign*	[montaɲẹ]	
11e	nasalisation de [a] en [ã]	[montãɲẹ]	*montagne, montaigne*
12e	nasalisation de [o] en [ɔ̃]	[mɔ̃ntãɲẹ]	
15e	[ẹ] se labialise		
16e [43]	effacement du [n] implosif, maintien de l'articulation nasale du [ɔ̃] précédent, que notera *n* graphique ; [n] intervocalique se maintient et [a] pert son articulation nasale, redevenant [a] oral	[mɔ̃taɲẹ]	
17e	tendance à l'effacement du [ẹ] qui devient « muet », *e* graphique assurant surtout l'articulation de la consonne précédente	[mɔ̃taɲ]	*montagne*

43 Peut-être dès le moyen français, voir C. Marchello-Nizia, *Histoire*..., p. 88-89.

mangier < mandūcáre

Epoque	Transformations phonétiques	Prononciations	Graphies
		[mandūkáre]	
1er-3e s.	bouleversement vocalique sans incidence sur le [a] (passage d'une opposition de quantité à une opposition de timbre, création de nouvelles corrélations de longueurs vocaliques) ; la voyelle atone finale passe à [e]	[mandukáre]	
fin 4e s.	–sonorisation des sourdes intervocaliques : [k > g] puis – effacement de la voyelle prétonique interne car autre que [a] => le [g] devient appuyé	[mandugáre] [mandgáre]	
1re m. 5e	[g ª] appuyé se palatalise par déplacement du point d'articulation dans la zone palatale et renforcement articulatoire en [g͓] puis [ḍ] ; la palatale [ḍ] se segmente par assibilation en [dʒ] [m] initial se maintient	[mandʒáre]	
6e	[a] accentué libre derrière consonne palatale connaît une diphtongaison particulière (qui a été appelée « loi » ou « effet de Bartsch ») aboutissant à [iɛ͓]. Cette évolution a été interprétée – ou comme une fermeture de [a] en [ɛ] sous l'influence de la palatale, suivie par une segmentation en [iɛ͓] comparable à la diphtongaison spontanée de tout [ɛ] – ou comme une diphtongaison spontanée de [a] en [aɛ͓] dont le premier élément se serait fermé sous l'influence de la palatale précédente	[mandʒiɛ͓re]	

Epoque	Transformations phonétiques	Prononciations	Graphies
8^{e}	effacement de la voyelle finale atone autre que [a]	[mandʒiɛ̯r]	*mangier*
11^{e}	nasalisation de [a] en [ã]		
~11^{e}	(peut-être avant le 11e, parfois après, « bascule » de l'accent sur le deuxième élément => consonantification du premier	[mãndʒjer]	
	fin 11e ->, l'ouverture de [ẽ] en [ã] a abouti aux confusions de leurs graphies respectives		*mangier, mengier*
13^{e}	réduction de [dʒ] à [ʒ] graphié de la même façon *g* ou *j* et de [je] à [e]	[mãnʒer]	*manger, menger*
16^{e}	– effacement de la consonne nasale implosive, mais maintien de l'articulation nasale de la voyelle, que continuera à noter *n* graphique		
	– effacement de [r] ailleurs que devant voyelle	[mãʒe(r)]	*id.*
18^{e}	[r] apical devient [R] dorsal	[mãʒe(R)]	*manger*

voisin < vĭcīnŭ(m)

Epoque	Transformations phonétiques	Prononciations	Graphies
		[wĭkīnŭ]	
1er s.	à l'initiale [w] semi-consonne labiovélaire passe à [β] constrictive bilabiale		
1er-3e s.	– bouleversement vocalique (passage d'une opposition de quantité à une		

Epoque	Transformations phonétiques	Prononciations	Graphies
	opposition de timbre et création de nouvelles corrélations de longueurs vocaliques) : [ī > i] début du 3e [ĭ > e] – à l'initiale [β] passe à [v] labiodentale – [k ⁱ] intervocalique se palatalise en [k̫] qui se confond avec [ţ] par déplacement de son point d'articulation et par renforcement articulatoire qui produit une assibilation en [ţş]	[veţşínu]	
fin 4e s.	intervocalique, le groupe palatal [ţş] se sonorise en [d̦z̦] et provoque l'apparition d'un yod de transition qui forme avec la voyelle précédente une diphtongue de coalescence [i] accentué libre garde le même timbre	[vei̯d̦z̦inu]	
? 5e	suite du bouleversement vocalique : [ŭ > o] en finale peut-être plus tardivement qu'ailleurs	[vei̯d̦z̦ino]	
7e	dépalatalisation de [d̦z̦] en [dz]	[vei̯dzino]	
8e	effacement de la voyelle finale atone autre que [a]	[vei̯dzin]	*veisin*
fin 11e-début 12e	la diphtongue [ei̯] se différencie en [oi̯] graphié *oi*	[voi̯dzin]	*voisin*
fin 12e-13e	une réduction d'aperture fait passer [oi̯] à [ue̯] puis une « bascule de l'accent » sur le deuxième élément de la diphtongue entraîne la consonantification du premier => [we] qui s'ouvre en [wɛ] encore graphié *oi*	[vwɛdzin]	*voisin*

EPOQUE	TRANSFORMATIONS PHONÉTIQUES	PRONONCIATIONS	GRAPHIES
fin 13e	– [wɛ] commence à s'ouvrir en [wa] graphié encore *oi*, parfois *o(u)a* ; par ailleurs, derrière labiale, [wɛ] tend parfois à se réduire à [ɛ] ; d'où et jusqu'au 18e s. trois prononciations concurrentes, en [wɛ] et [wa] ainsi qu'en [ɛ] – réduction de [dz] à [z] graphié de la même façon – débuts de la nasalisation de [i] en [ĩ] qui s'ouvre en [ɛ̃]	[vwɛzɛ̃n] // [vwazɛ̃n] // [vɛzɛ̃n]	*voisin*
16e	la consonne nasale en position implosive s'efface, tandis que se maintient l'articulation nasale de la voyelle, que la lettre *n* continue à noter	[vwɛzɛ̃] // [vwazɛ̃] // [vɛzɛ̃]	*id.*
18e	extension de la prononciation [wa] qui continue à être graphiée *oi*	[vwazɛ̃]	*id.*

main < mánŭ(m)

EPOQUE	TRANSFORMATIONS PHONÉTIQUES	PRONONCIATIONS	GRAPHIES
	Effacement très ancien du [m] final	[mánŭ]	
1er s. ->	Bouleversement vocalique, sans incidence sur le [a] ; en syllabe finale atone sans doute plus tard qu'ailleurs,		
? 5e s.	[ŭ] > [o] en finale peut-être plus tardivement qu'ailleurs	[máno]	
6e s.	[a] accentué libre devant nasale se segmente par diphtongaison spontanée en [ae̜] (une occurrence en est attestée dans le texte, archaïque, de *Sainte Eulalie* avec *maent < mánet*) ;		

Epoque	Transformations phonétiques	Prononciations	Graphies
	le 2e élément se ferme sous l'influence de la nasale, d'où la diphtongue [ai̯] qui sera graphiée *ai*	[mai̯no]	
8e s.	Amuïssement de la voyelle finale atone, parce que autre que [a]	[mai̯n]	*main*
11e-début 12e s.	Nasalisation de la diphtongue : > [ãĩ̯], dont le premier élément se ferme en [ɛ̃] sous l'influence de la semi-voyelle palatale	[mãĩ̯n] [mɛ̃ĩ̯n]	
13e s.	Monophtongaison en [ɛ̃] graphié de la même façon, mais qui peut être en concurrence avec *ei* (graphie toutefois exceptionnelle dans cette forme)	[mɛ̃n]	
16e s. [44]	Effacement de la consonne nasale implosive ; la graphie *n* qui perdure ne sert plus qu'à noter la nasalité, maintenue, de la voyelle précédente	[mɛ̃]	*id.*

singe < sī́mĭŭ(m)

Epoque	Transformations phonétiques	Prononciations	Graphies
	Effacement très ancien du [m] final	[sī́mĭŭ]	
Avant le 1er s.	Consonantification du [i] atone en hiatus, qui passe à [j]	[sī́mjŭ]	
1er s. ->	Bouleversement vocalique (qui n'a peut-être affecté la voyelle finale atone que plus tard) : [ī] > [i]	[símju]	

44 Voir la note précédente, p. 229.

Epoque	Transformations phonétiques	Pronon- ciations	Graphies
	Derrière labiale, [j] évolue comme à l'initiale en [d̦] par renforcement articulatoire, mais sans déplacement du lieu d'articulation ; [d̦] se segmente en [d̦ʒ̦]. Devenue implosive devant dentale, la labiale nasale [m] s'assimile, passant à la nasale dentale [n]	[sind̦ʒ̦u]	
? 5e s.	Suite du bouleversement vocalique : [ŭ] final atone> [o] sans doute plus tardivement que dans une autre position	[sind̦ʒ̦o]	
	[i] accentué se maintient, sans changement		
7e s.	Dépalatalisation : [d̦ʒ̦] > [dʒ]	[sindʒo]	
8e s.	A l'époque de l'amuïssement des voyelles finales atones autres que [a], celles qui se trouvent derrière un groupe consonantique explosif se maintiennent sous forme de [ȩ] dit « de soutien »	[sindʒȩ]	
13e s.	[dʒ] se simplifie en [ʒ]. Nasalisation de [i] sous l'influence de la consonne nasale suivante ; nasalisé, [ĩ] s'ouvre en [ɛ̃] qui continue à être graphié *i*	[sinʒȩ] [sɛ̃nʒȩ]	*singe, sinje*
16e s. voire dès le MF	Effacement de la consonne nasale implosive ; le *n* graphique, qui perdure, ne note plus que la nasalité de la voyelle	[sɛ̃ʒȩ]	*id.*
18e s.	En français commun [ȩ] devient « muet », *e* graphique signalant l'articulation de la consonne précédente	[sɛ̃ʒ]	*singe*

vendange < vĭndḗmĭa(m)

ÉPOQUE	TRANSFORMATIONS PHONÉTIQUES	PRONONCIATIONS	GRAPHIES
	Effacement précoce du [m] final	[wĭndḗmĭa]	
Avant le 1er s.	Consonantification en [j] du [i] atone en hiatus	[wĭndḗmja]	
1er-3e s.	Bouleversement vocalique (sans incidence sur le [a]) : [ē] accentué > [e] fin 2e-début 3e : [ĭ] > [e]	[wendémja]	
début 3e s.	[w] initial se dentalise en [v]	[vendémja]	
fin 3e-début 4e s.	Derrière labiale, [j] évolue comme à l'initiale avec un renforcement articulatoire qui le fait passer à l'occlusive correspondant au même point d'articulation : [d̦] qui se décompose en [d̦ʒ̦] par empiètement de la détente sur la tenue. Devenue implosive devant dentale, la nasale labiale [m] s'assimile, passant à la nasale dentale [n]	[vendend̦ʒ̦a]	
6e s.	[a] final atone s'affaiblit en [ȩ]	[vendend̦ʒ̦ȩ]	
7e s.	Dépalatalisation : [d̦ʒ̦] > [dʒ]	[vendendʒȩ]	*vendenge*
11e s.	Sous l'influence des consonnes nasales suivantes, les voyelles [e] se nasalisent en [ẽ] ; toute voyelle nasalisée tendant à s'ouvrir, [ẽ] > [ã] ; les graphies *en* (étymologique) et *an* deviennent dès lors équivalentes	[vãndãndʒȩ]	*id.* + *vandange, vendange, vandenge*
13e s.	[dʒ] se simplifie en [ʒ] par effacement de l'élément occlusif, continuant à être graphié *g* ou *j*	[vãndãnʒȩ]	

ÉPOQUE	TRANSFORMATIONS PHONÉTIQUES	PRONONCIATIONS	GRAPHIES
16e s. [45]	Les consonnes nasales implosives s'effacent ; la lettre *n* note désormais seulement la nasalité de la voyelle précédente	[vãdãʒə̹]	
18e s.	[ə̹] commence à devenir « muet », *e* graphique signalant l'articulation de la consonne précédente	[vãdãʒ]	*id.*
	Au cours du 17e s., la graphie *en* s'était imposée à l'initiale, la graphie *an* sous l'accent		*vendange*

Exercice 18

a- Les caractéristiques phonétiques et graphiques des dialectes picards relevées dans le manuscrit C de la *Prise d'Orange* se répartissent ainsi :

■ les formes témoignant d'une palatalisation consonantique moindre qu'ailleurs :

— de [k e, i] dont l'aboutissement est [tʃ] graphié *ch*, au lieu de [ts] : *che* 35, 70, *chi* 67, *courechié* 72 (formes communes correspondantes *ce, ci, courecié*)

— de [k a] revenu à la même articulation, graphiée *c*, au lieu d'évoluer en [tʃ] : *canel* 37, *cantent* 38 (formes communes *chenel*[46], *chantent*)

45 Voir la note 43.

46 Toutefois moins fréquente que la forme picarde *canel*.

■ les formes qui témoignent d'une réduction plus précoce du groupe [ts] à [s] graphié *s*: on note, à partir du v. 49, la récurrence de finales ou de désinences *és* (*prés, delés, joliëtés, demenés, oés, povertés, savés, joés, abrievés, gemmés, bouclés*) là où les formes communes sont en *-z*; de même au v. 65 *effors* (au lieu de *efforz*) ;

■ les formes témoignant de la réduction précoce (encore à son stade descendant) de la diphtongue [oi̯]: *bos* 36 (au lieu de *bois*) ;

■ une forme témoignant du maintien de [w] intervocalique, non dentalisé en [v] ni vocalisé en [u̯]: *ewe* 37 (forme commune *eve*).

Les caractéristiques des dialectes de l'Est, relevées dans le manuscrit D sont les suivantes:

— la diphtongaison en [ei̯] graphiée *ei* du [e] < [a] accentué libre (*esteit: preit* 1-2);

— l'ouverture du [e] en [a] devant [ɫ][47] et l'effacement de ce dernier devant consonne (*solas* 24, forme commune *soleuz*, régime de *soleil*);

— l'assonance de *tex* 25 avec *iré* témoigne de l'effacement de [l] devant consonne et de l'emploi de la graphie *x* pour *s*.

b- Le manuscrit P du *Lai de Lanval* révèle des traits phonétiques spécifiquement picards:

— le traitement de [k ᵃ] initial et appuyé (*caïr* 605, *acoisonés* 617; formes communes *cheoir, achoisonez*);

— la réduction de la triphtongue [iɛ̯u̯] à [iu̯] (*mix* 606 = *mius*; forme commune *mieuz*).

[47] Issu de la décomposition de l'articulation du [ʎ] devant consonne (voir l'exercice n° 14.3.2.).

Le manuscrit C comporte un grand nombre des caractéristiques des textes copiés dans le domaine anglo-normand :

— la graphie *u* correspondant à la graphie continentale *o*, passim (ex. *unc, tuz, sun, onurerent, mult, urent, curt...*) ;

— la graphie *k* pour noter [k], en concurrence avec les graphies communes *c, qu* (*quant* 611, *unc, cuntre* 608) : *k(e)* 604, 606, 620, 625, 626, *kar* 614, *ki* 607, *unkes* 621 ;

— l'évolution de [z] antéconsonantique en [ð] graphié *d* : *idle* 643 ;

— le maintien de la diphtongue [ei̯] sans différenciation en [oi̯] et sa réduction à [ɛ] graphié *ei* : *rei* 603, 607, 631, 636, *mei* 623, *palefrei* 639 ;

— des réductions précoces de diphtongues et triphtongues :

- de [je] à [e] : *ben* 604, *enseignez* 607, *drescez* 608 (formes communes *bien, enseigniez, dresciez*),
- de [ue̯i̯] à [u] passé à [y] : *hus* 638 (forme commune *huis*) ;

— l'évolution de la diphtongue [ɛu̯] identique à celle de [eu̯] en [ø] : *beuté* 612, *beus* 643, *daunceus* 644 ;

— une nasalisation précoce du [a] et son évolution particulière (sans doute par vélarisation) dont la graphie *aun* se répand au 13e siècle : *mauntel* 605, *Launval* 613, 616, *vantaunce* 622, *chaunçun* 641 b, *daunceus* 644 ;

— une épenthèse vocalique entre labio-dentale et [r] : *e* dit « svarabhaktique », mais qui n'a pas encore de valeur syllabique : *deliveré* 624, *deliverez* 629.

Exercice 19

a- Essai de transcription du passage :

ke̥kilparlwee̥ntdynedel
ynsvasletsdyne̥tʃãmbre̥vint
kiyne̥blantʃe̥lãntse̥tint
ãnpõɲee̥parle̥milø
sipase̥parantre̥le̥fø
etseskiellitse̥se̥we
etɥittsilde̥leantsve̥we
lalantse̥blantʃe̥ele̥ferblank
siswetyne̥gute̥de̥sank
delferdelalantse̥ãnsɔ̃met
edʒyskalamɛ̃nãnvaslet
kulwettsele̥gute̥vermwele̥
livasletsvittsele̥mervwele̥
kileantsertlanɥitvenyts
sisede̥de̥mãndertenyts
kɔ̃mãnttsele̥tʃoze̥ave̥nwet

GRAPHIES NOTANT

– [k] : *qu* devant *e, i*
c devant *o* et à la finale
– [ts] : *z* à la finale
c à l'initiale et à l'intérieur
– [tʃ] : *ch* (derrière *c*, *h* fonctionne comme lettre diacritique)
– [ø] : *eu* graphie rétrograde depuis la monophtongaison de [eu̯] ; *u* y fonctionne dès lors aussi comme signe diacritique

– [ã] : *an* et *en* dont la répartition est essentiellement étymologique *(chanbre, blanc, blanche, lance, demander ; entre)* ;
y échappent toutefois ici *anpoignee, leanz, comant*

– [u] : *o* archigraphème, qui commençait déjà dans certains cas (*coloit* sans doute) à être une graphie rétrograde

– [we] : *oi* graphie déjà rétrograde et archigraphème (N.B. ici, se trouve même devant [ʎ], marque d'une prononciation dialectale où cette consonne a pu provoquer le dégagement d'un yod de transition)

– [ʎ] : *ll* ici.

b- Relevé des traits dialectaux phoniques/graphiques

— graphie *k* pour noter [k], en concurrence avec *qu* et *c*, graphies communes

— palatalisation consonantique moindre :

- au lieu de [ʃ], aboutissement [k] noté *c (cevalier, cose),* peut-être *ch* (graphie ambiguë dans cette aire dialectale : *cevauchier, cevauchom)*
- au lieu de [s], aboutissement [ʃ] noté *ch (houche, menchoigne)*

— devant consonne palatale, fermeture des voyelles atones, même à l'initiale*(signeur)*

— dans une diphtongue descendante à dernier élément vélaire, ouverture du premier élément : [eu̯] > [au̯] *aus* (correspondant à *eus*) [ou̯] > [au̯] *vauroie* (forme de *voloir*, correspondant à *voudroie*)

— absence d'épenthèse : *vauroie* (forme de futur 2 de *voloir*, correspondant à *voldroie-voudroie)*

— réduction précoce du groupe [ts] à [s], marquée par la récurrence du graphème *s* et non *z (escus, volés, sachiés...)* ; *s* et *c* deviennent ainsi commutables ;

là où *c* est maintenu, il peut avoir fonction de morphogramme *(cil, ce...)*.

CHANGEMENT DE FONCTION POUR CERTAINES GRAPHIES

— après l'ouverture de [ẽ] en [ã], les graphies *en* et *an* ont pu commuter ; leur répartition tend néanmoins à correspondre à l'étymologie et chacune acquiert dans certains cas une fonction de morphogramme (ex. *en* dans les adverbes en *-ment*, où la graphie est ici constante ; *an* dans les formes dites en « *-ant* » : *querant, errans*)

Exercice 20.1

a- La position dominante de la lettre *z* notant [ts] est la finale de forme ; à l'intérieur, le même groupe consonantique est plutôt graphié par *c* (*faz* vs *faces, faciez ; preuz* vs *proece*) ; toutefois, adscrit à *c*, *z* a pu fonctionner aussi à l'intérieur de forme comme signe diacritique, en concurrence avec *e* (*ceo // czo*) pour indiquer devant la notation d'une voyelle vélaire (*o*) une prononciation [ts] et non [k].
Notant [ts], cette lettre est employée dans tous les noms invariables dont la consonne finale de base a évolué en ce groupe consonantique (*foiz, priz, paiz, brebiz*) ainsi que dans la flexion des noms dont la base se termine par [t], par [d] ou par [n] appuyé (*vaslet + s => vaslez, jorn + s => jorz, petit + s => petiz, fil* [fiʎ] + *s => fiz, fait + s => faiz*).

En revanche, dans la série de l'ancien français classique *prez/pré, citez/cité* etc., aucune dentale finale de base ne semble plus justifier la formation, devant *-s* de flexion, d'un groupe [ts] ; à partir du moment où, ailleurs que devant *-s*, il ne reste plus de trace de la dentale, la permanence de la lettre *z* confère à cette lettre une double fonction : jusqu'au 13e siècle, tant que *z* final continue à noter [ts] et ne se trouve que derrière voyelle accentuée, le maintien de cette prononciation [ts] crée, dans la synchronie considérée, une nouvelle « règle »[48] dans les systèmes morphologiques nominaux : la substitution de [ts] à [s] et, dans la graphie, de *z* au morphème *-s* de flexion derrière les bases terminées par une voyelle autre que [ȩ] ; *z* acquiert ainsi une fonction de morphogramme (variante de *s*) et, dans la fonction de phonogramme, celle de signe diacritique indiquant une voyelle accentuée.

b- Après la réduction de [ts] à [s], le maintien de *z*, lorsqu'il se produit, ne correspond plus qu'à une graphie historique (ou rétrograde), en concurrence avec *s*, les deux devenant commutables à partir de cette époque, mais *s* restant l'archigraphème : *diz-dis, paiz-pais*, etc.
L'équivalence ainsi créée entre les deux graphies a entraîné pour *z* la possibilité de noter tous les sons auxquels était affecté *s* : non seulement [s] mais [z] : ex. *espouzer-espouser, sizieme-sisieme...* ; commutation favorisée à la finale où [s] a commencé à se désarticuler à partir de la fin du 12e siècle, comme l'attestent les rimes

48 Prouvée par la tendance, même d'observation limitée, à substituer *z* à *s* chaque fois que la base se termine par une voyelle accentuée : ex. *diz* (attestée comme P. 2 ind. prés. de *dire*).

citées, du 15e siècle (*venuz: nulz*, ce dernier n'ayant jamais été prononcé en [ts] ; *filz: fis*).
S'accentue ainsi pour *z* la fonction de morphogramme qui pourra gagner tous les cas d'emploi de *s*, sans la restriction initiale de position derrière une voyelle tonique : ex. *hommez*, où *z* se trouve derrière *e* notant [ę] ; mais ce cas semble limité dans le temps, au 15e essentiellement, voire à certaines aires géographiques.

Les fonctions dominantes pour *z* sont celles de :

— signe diacritique, indiquant, lorsqu'il suit immédiatement une voyelle, que celle-ci est tonique ;

— morphogramme de pluriel dans la flexion nominale ; dans la flexion verbale, il est constituant du morphogramme *-ez*, marque de P. 5 tonique, qui correspond à une prononciation variable [e] ou [ez] ; dans ce dernier cas, *z* garde sa fonction de phonogramme, où il note le son [z], acquis dans cette désinence au 13e siècle.

Exercice 20.2

a- L'emploi de *x* à l'intérieur d'une forme reste exceptionnel en ancien français, limité ici au nom de personne *Alexis* et à une forme dialectale de l'Est (dont il est une marque) *fixent* ; dans ces deux cas, il apparaît comme l'équivalent de *s* ou *ss* avec lesquels il commute.
A la finale, il apparaît comme l'équivalent de l'ensemble *us* lorsque celui-ci se trouve lui-même derrière une voyelle graphique *e, o, a*, où il note [u̯s] : *Diex-Dieus* [dieu̯s] ; il peut y être en concurrence avec *ls* sur-

tout dans les formes où [u̯] vient de la « vocalisation » d'un [ɫ] antéconsonantique dont la graphie *l* a pu être gardée : *fols-fous-fox ; bials-biaus-biax ; chevels-chevex* ; mais l'usage de cette graphie devenue rétrograde, d'autre part l'emploi majoritaire du digramme *eu* pour noter [ø] ont pu entraîner la conjonction des deux graphies *u* et *x*, *l* et *x* (*cheveux, mieux, mielx*) voire des trois (*mieulx*), qui, du strict point de vue des correspondances avec les prononciations, sont redondantes, mais dont la séquence peut finir par constituer un morphogramme (pour la finale *-eux*, par exemple) voire un logogramme (*mieux-mieulx*). Cette redondance tend à faire de *x* une simple variante positionnelle (en finale) de *s*, comme le prouvent les alternances *sis-six, douloureus-douloureux, pais-paix, vois-voix* ; dans *six* l'adoption qui sera faite de l'orthographe en *x* confèrera en outre à cette lettre une valeur étymologique, dans *paix* et *voix* une valeur de logogramme.

Exercice 20 bis

1. Origines de [ę]

■ [a] latin en syllabe finale ou en position de prétonique interne (dite aussi « contre-finale »)

— en syllabe finale : *joue* < *jócat*

— en position de prétonique interne : *ornement* < *ornaméntu(m)*

■ [a] latin en syllabe initiale atone, derrière une consonne qui s'est palatalisée : *chenu* < *canútu(m)*

■ voyelle finale (de n'importe quel timbre) de proparoxyton latin non réduit à date ancienne : *conte < cómputu(m), pouce < púllice(m)*

■ voyelle latine atone autre que [a] en syllabe finale ou en position de prétonique interne, derrière un groupe consonantique primaire ou secondaire :

— en syllabe finale : *pere < pátre(m), rouge < rúbeu(m)* où *g* note le groupe [dʒ]

— en position de prétonique interne : *carrefour < quadrifúrcu(m)*

■ voyelle latine atone autre que [a], en syllabe initiale ouverte : *devoir < debére*
voire sous l'effet complémentaire d'une dissimilation : *seror < soróre(m)* .

2.

a- Lorsqu'elle correspond à une voyelle atone dans les formes proposées, la lettre *e* a pu noter

— en ancien français, au 13e siècle :

– un timbre sans doute proche de [ɛ] signalé par le graphème *ai*

dans *sera* rimant avec *plaira*
de gris — *amaigris*
anemis — *ai mis*

– un timbre sans doute proche de [e] pour la deuxième voyelle de *entrepris* rimant avec la voyelle tonique de *esté*

— en moyen français, un timbre sans doute proche de [ø], à quoi correspond le graphème *eu*, témoignant d'une labialisation qui a dû affecter le [e̥] à cette époque.

b-

Zone de [ø] : *degré, cheval, céleri, demain,* 2e *e* de *netteté, demander,* 1er *e* de *secrétaire, ressembler,* les trois *e* successifs initiaux de *ressemeler, jeter,* 2e *e* de *jetterai, -le*
Zone de [ɛ] : *merci,* 1er *e* de *permettez,* de *netteté,* de *jetterai*
Zone de [e] : 2e *e* de *permettez, mettez-*
Zone de [e / ɛ] : *terrible, effet, essence, professeur, message*

3. Origine de [ę] dans les formes proposées :

— [a] latin final atone : *plaie* < *plága(m), soie* < *séta(m), vie* < *víta(m), prie* < *précat*

— voyelle finale de proparoxyton latin non réduit à date ancienne : *tiede* < *tépidu(m)*

— [a] latin prétonique interne : *sairement* < *sacraméntu(m), armeüre* < *armatúra, veneour* < *venatóre(m)*

— voyelle prétonique interne autre que [a] mais « soutien » d'un groupe consonantique : *larrecin* < *latrocíniu(m), carrefour* < *quadrifúrcu(m)*

— [e] en syllabe libre initiale : *veoir* < *vidére, seoir* < *sedére*

L'évolution ultérieure de [ę] est déterminée par sa position dans la forme et par son environnement phonétique :

— en position de prétonique interne et entre consonnes, [ę] commence à s'effacer en ancien français vers la fin du 12e siècle, mais surtout en moyen français, cet effacement étant ou non enregistré dans les graphies :

[sɛręmant] [laręsɛ̃n] > [sɛ̃rmã(t)], [larsɛ̃]
graphies : *sairement, larrecin* *serment, larcin*
[karęfur] > [kaRfuR] encore graphié *carrefour*

— dans la même position de prétonique interne ainsi qu'à l'initiale lorsqu'il est en hiatus devant la voyelle tonique, [ȩ] commence à s'amuïr en ancien français à partir du 13e siècle, mais ce ne sera systématique qu'en moyen français, la graphie s'en maintenant généralement encore à cette époque (*veneour, armeure, veoir, seoir*) voire au 16e siècle, plus rarement au-delà (*veneur, armure, voir*; toutefois, *asseoir*)

— en syllabe libre initiale et devant consonne, [ȩ] se maintient ; il se labialise vraisemblablement au 15e siècle et peut devenir « caduc » : *venir* prononcé [v(ə)niR]

— en finale de forme, [ȩ] s'amuït derrière voyelle surtout en moyen français ; à partir de cette époque, les graphies, qui perdurent, *plaie, soie, vie, prie* correspondent respectivement à [plɛ], [swɛ], [vi], [pri] > [pRi] ; derrière consonne, c'est seulement vers la fin du 17e siècle et au début du 18e que le [ȩ] n'est plus prononcé en français standard, tandis que la permanence du *e* graphique signale l'articulation de la consonne précédente : *tiède* prononcé [tjɛd].

b-

1. [ʒətəpaRl], [ʃtəpaRl], plus rarement [ʒətpaRl]
   [paRləmwadətwa], [paRləmwadtwa] [paRlmwadtwa]
2. [kəsɛʒ] ; [ʒənsɛkəfɛR], [ʒnəsɛkfɛR], plus rarement ? [ʒənsɛkfɛR]
3. [ʒələsɛpaRfɛtmã], [ʒəlsɛpaRfɛtmã], [ʒləsɛpaRfɛtmã]
   [ʒənələsɛpa], [ʒənləsɛpa], [ʒnəlsɛpa], registre plus « relâché » [ʒləsɛpa]
   [ʒənəsɛpa], [ʒənsɛpa], plus rarement [ʒnəsɛpa], registre plus « relâché » [(ʃ)ʃɛpa]
4. [ilfokəʒətədiz], [ilfokəʒtədiz][49], [ilfokʒətədiz], [ilfokʒətdiz], plus rarement ? [ilfokəʒətdiz]

[49] L'exercice portant sur le [ə], il n'a pas été indiqué la prononciation [i] de *il*.

5. [səswaR]
[asəswaR], [asswaR]
[dəmɛ̃]
[adəmɛ̃], [admɛ̃]
6. [oRəvwaR], [oRvwaR]
7. [povRəgɔs], [povgɔs]
[povRɑ̃fɑ̃]
8. *Je prends* [ʒəpRɑ̃], [ʃpRɑ̃]
mon petit [mɔ̃pəti], [mɔ̃pti]
déjeuner [deʒøne], [deʒne]
9. [ʒəfɛdyʃəval], [ʒəfɛdyʃval], plus rarement [ʃfɛdyʃval]
[aʃəval], [aʃval]
[sɛsɔ̃ʃəvaldəbataj], [sɛsɔ̃ʃvaldəbataj]
10. [dɑ̃lasəmɛn], [dɑ̃lasmɛn]
[dazynsəmɛn]
[sɛtsəmɛnsi]
11. [dəsy]
[ladəsy], [latsy]
12. *Je me demande bien* [ʒəmədəmɑ̃dbjɛ̃], [ʒəmdəmadbjɛ̃], plus rarement [ʒmədmɑ̃dbjɛ̃]
ce que tu feras demain [səkətyfəRadəmɛ̃], [skətyfRadəmɛ̃], plus rarement [səktyfRa]-
[vuməfəRedipaʒ] [vumfəRedipaʒ] [vuməfRedipaʒ]
[vumfRedipaʒ]
13. [ʒəte]
[ʒɛtəRe], [ʒɛtRe]
[ʒəvɛlʒəte] [ʒvɛlʒəte], plus rarement [ʒvɛləʃte]
[ʒətevy], [ʃtevy]
14. [ilnəvaləRjɛ̃], [ilnəvalRjɛ̃], [invalRjɛ̃][50]

[50] Contrairement à ce qui est généralement décrit, il semble bien que l'élision de [ə] soit attestée devant le groupe consonne + [j]; voir F. Carton, *Introduction...*, p. 206-207.

15. [pɔRtəfœj]
    [pɔRtəmɔnɛ], [pɔRtmɔnɛ]
    [pɔRtəkle]
16. [aaRməzegal], [aaRmzegal]
17. [ʃeləkwafœR], [ʃelkwafœR]
    [avɛkləkwafœR]
18. [episRi]
    [mɛRsəRi], plus rarement [mɛRsri]
    [Riʃəljø], plus rarement [Riʃljø]
    [pRəmje]
    [selpRəmje]
19. [ɔ̃ldəvin]
    [ɔ̃ladəvine], [ɔ̃ladvine]

b-

Dans l'ensemble des exemples proposés, il se dégage quelques constantes dans la prononciation ou la non-prononciation de [ə], liées essentiellement à sa position dans un groupe de formes, plus que dans une forme isolée, mais aussi au nombre de consonnes qui le précèdent, voire à la nature de celles qui le suivent; ainsi la forme *parle* sera-t-elle ordinairement prononcée [paRl], mais le [ə] pourra apparaître dans certains groupes syntaxiques: [paRləmwa]; la forme *demain* isolée sera toujours prononcée [dəmɛ̃] alors que, précédée de *a* elle pourra l'être [dmɛ̃]; de même le syntagme *ce soir*, selon qu'il est ou non précédé de *a* sera-t-il prononcé [səswaR] ou [sswaR].

Dans ces mêmes exemples on distingue trois grands types de cas: ceux où [ə] n'est jamais prononcé, ceux où il l'est toujours, ceux, les plus nombreux, où il est facultatif

— **Non-prononciation de** [ə] (sauf dans les cas de certains monosyllabes et de la succession de plusieurs [ə]; voir ci-dessous, le dernier §)

- en finale de forme, devant initiale vocalique dans la chaîne parlée et à la pause : *parl(e)* (1), *j(e)* post-verbal (2), *pauvr(e) enfant* (7) ;
- à l'intérieur d'une forme ou en finale de forme dans la chaîne parlée, devant consonne et derrière une seule consonne, [ə] est généralement non prononcé : ex. *parfait(e)ment* (3), *épic(e)rie* (18) ; *là-d(e)ssus* (11), *chez l(e) coiffeur* (17) ; toutefois ces cas sont sujets à la variation (voir ci-dessous).

La non-prononciation du [ə] peut entraîner l'assimilation de consonnes par assourdissement : ex. [ʒ] > [ʃ] dans 3 [ʃʃepa], 8 [ʃpRa] ; [d] > [t] dans 11 [latsy].

— Prononciation constante de [ə]

- dans l'interrogatif-relatif *que* (2) initial de groupe (et très généralement aussi ailleurs) ;
- à l'initiale de forme, derrière un groupe consonantique de cette forme ou constitué dans la chaîne parlée : *premier* (18) ; *cheval de bataille* (9), *avec le coiffeur* (17), *on l(e) devine* (19) ;
- à l'intérieur d'une forme, derrière un groupe consonantique, peut aussi être pertinent le nombre de syllabes suivant [ə] : devant une seule syllabe, il est prononcé : *porte-feuille, porte-clé* (15) vs *port(e)-monnaie* ; la prononcation [povgɔs] (7) apparaît due à la réduction, bien attestée dans la prononciation populaire, de certains groupes consonantiques, ici [vR] à [v].

— Prononciation facultative de [ə]

- dans *je* pré-verbal (8, 9, 13) ; pour *je* dans les séquences de plusieurs [ə], voir ci-dessous ;
- devant [Rj] et quoi qu'on en ait souvent dit, [ə] semble bien pouvoir ne pas se prononcer en français contemporain : *ils ne val(ent) rien* (14) ;

– Cas des séquences de plusieurs [ə]

• de deux [ə] (les plus nombreuses) ; généralement, l'un des deux [ə] s'efface, à possibilités souvent égales pour chacun : *j(e) te parle // je t(e) parle* (1)*; je l(e) sais // j(e) le sais* (3) ; mais, parfois, l'effacement de l'un est dominant par rapport à celui de l'autre : *j(e) te parle* semble plus fréquent que *je t(e) parle* (1), *[je vais] l(e) jeter* que *le j(e)ter* (13), *on l(e) devine* que *on le d(e)vine*, *c(e) que* plus fréquent et moins populaire que *ce qu(e)* (12) ; à l'inverse, *je n(e) sais* semble plus courant que *j(e) ne sais* (3) ; les deux [ə] peuvent parfois s'effacer conjointement : *vous m(e) f(e)rez* (12) ; dans la prononcation familière [ʃʃɛpa] de *je ne sais pas* (3), c'est l'ensemble de la négation qui s'est effacée ;

• de plus de deux [ə] ; la tendance est à prononcer seulement un [ə] sur deux, à compter du premier, soit, dans une séquence de trois [ə], à prononcer ou le premier et le troisième, ou seulement le deuxième : ex. *je n(e) le sais pas // j(e) ne l(e) sais pas* (3), *que j(e) te dise // qu(e) je t(e) dise* (4), *je m(e) demande // j(e) me d(e)mande* (12) (toutefois la prononcation conjointe du deuxième et du troisième [ə] n'est pas exclue : *qu(e) je te dise*)

4.

Dans la liste précédente, la prononciation de [ə], même là où est elle est quasiment constante (ex. *Richelieu*), n'a pas de fonction oppositive, pas plus que dans les groupes suivants :

— *le handicap* (si la norme impose la prononciation [ləãdikap], l'élision de [ə] n'apporte pas d'information différente) ;

— *une tasse à café* (dans ce groupe, le *e* final de *tasse* n'est jamais prononcé ; que la forme *une* soit pronon-

cée [yn] ou [ynə] ne change rien à l'information apportée)
Même dans *éclairera, considèrerais*, ce n'est pas la prononciation de [ə] qui s'avère distinctive, mais celle du premier [R] qui oppose ces formes respectivement au passé défini et à l'indicatif imparfait correspondants :

[eklɛR(ə)Ra] vs [eklɛRa]
[kɔ̃sidɛR(ə)Rɛ] vs [kɔ̃sideRɛ].

Dans toutes ces formes, qui représentent la majorité des emplois de [ə] en français contemporain, [ə] pourrait ainsi être interprété comme une réalisation toujours possible d'un son consonantique (ex. de [k] dans *que*, de [p] dans *petit*, de [s] dans *semaine*...).

En revanche, dans les quelques groupes suivants, [ə] a toujours une valeur distinctive : il oppose la prononciation
de *dehors* [dəɔR] à celle de *dors* [dɔR]
de *le hêtre* [ləɛtR] à celle de *l'être* [lɛtR]
de *le un* [ləœ̃] à celle de *l'un* [lœ̃]
de *le haut* [ləo] à celle de *l'eau* [lo]
de l'article *de* [də] à celle de *deux* [dø]

b-

Doté d'une fonction oppositive dans ces derniers cas, [ə] peut y être considéré comme un phonème ; en fait, il en va de même dans les autres, bien que sa prononciation y soit facultative, comme il ressort de l'étude des transformations qui se produisent lorsque cette faculté de le prononcer n'existe pas.
Soient les occurrences de l'adjectif *petit* qui, au féminin, s'adjoint un *e* graphique, généralement non prononcé en français contemporain standard, même devant consonne : ex. *petite fille* [p(ə)titfij].

La prononciation [p(ə)tit], permanente au féminin, n'est pas réservée à ce genre, soit donc à la présence d'un *e* graphique puisque, devant initiale vocalique dans la chaîne parlée, elle est constante aussi au masculin : ex. [p(ə)titɔm], [p(ə)titɑ̃fɑ̃][51]. Dans les syntagmes *petite enfant, petite fille, e* semble fonctionner comme simple marque graphique de genre (morphogramme).

En revanche, est réservée au masculin dont elle constitue une marque[52], la prononciation [p(ə)ti], qui est une variante de la base [p(ə)tit], obtenue par effacement de la consonne finale devant autre consonne, cette transformation s'opérant aussi bien au sein de la forme de discours elle-même (*petit + s*) que dans la chaîne parlée (*petit garçon*). Cette transformation, interdite au féminin, repose entièrement sur l'impossibilité de prononcer un [ə].

De même pour les bases adjectivales [bɔn], [rɔ̃d], qui ne peuvent se transformer en [bɔ̃], [rɔ̃] que dans l'impossibilité de s'adjoindre [ə].

De ce fait, même lorsqu'il est facultatif et peut donc ne pas avoir de réalisation vocalique, [ə] se révèle un élément structurel, assurant dans tous les cas l'articulation de la consonne précédente et, par voie de conséquence, l'intégrité de la base, dont il évite les transformations. Dans une perspective morpho-phonologique [ə] apparaît ainsi comme un phonème.

51 A l'oral, l'information de genre n'est apportée dans ce syntagme que par un prédéterminant : *le vs la, un vs une...*

52 On notera qu'à l'oral, contrairement à l'écrit, c'est le masculin qui est marqué.

5.

Derrière voyelle, *e* apparaît toujours comme un morphogramme

— de classe de verbes (à infinitif en *-er*) : *jouerai*

— de féminin : *arrivée, amie*

De même parfois derrière consonne (*éclairera; petite, bonne*) où il est, en outre, un signe diacritique indiquant l'articulation de cette consonne précédente ; derrière consonne, il peut se limiter à cette fonction de signe diacritique (*doute*).

Lorsqu'il sert à opposer deux unités homophones, il apparaît comme un constituant de logogramme : *mère vs mer.*

Exercice 21.

L'image graphique donnée par ces textes du 15e siècle se caractérise par une abondance de lettres historiques, étymologiques surtout [53], ainsi que par un emploi très développé du *y*, d'origine plus récente ; dans une moindre mesure ici[54], par des fonctions nouvelles affectées à des lettres déjà existantes comme *g, x, z.*

53 Toute lettre étymologique peut évidemment être considérée comme historique, mais non l'inverse : certaines lettres, non étymologiques, ont, dans l'histoire du français, correspondu à une prononciation, disparue par la suite : ex. dans *doit* (< *debet*), le digramme *oi*, qui n'est pas étymologique, est devenu une graphie historique (ou rétrograde) dès lors qu'il n'a plus correspondu à la prononciation [oi̯] ; voir le corrigé de l'exercice n°10 ; pour les terminologies concernant les codes graphiques, voir l'exercice n° 19.

54 Les usages restant variables selon les manuscrits.

Ci-dessous, les références au *Testament* de Villon seront faites par T suivi du numéro du vers; le texte de Commynes sera indiqué par C suivi du numéro du paragraphe.

Graphies historiques

Le maintien de lettres historiques (ou **rétrogrades**), c'est-à-dire qui, à une époque donnée de l'histoire du français, ont correspondu à une forme sonore, est commun à tous les systèmes graphiques dotés d'un passé; témoins de prononciations révolues, ces lettres relèvent du caractère inévitablement conservateur de l'écrit, qui s'oppose ainsi à la mutabilité des systèmes phonétiques.

On relève ici, particulièrement caractéristiques du moyen français[55], plusieurs *e* non prononcés devant une autre voyelle graphique, traces d'anciens hiatus dès lors réduits:

— *ei* prononcé [i] dans *feis* T 753

prononcé [ɛ̃] devant *n* dans *veins* C 2e § (verbe *venir*, P. 1 de passé défini);

— *eu* prononcé [y] dans *eussent* T 1 001, *seur* T 1 002, ainsi que, autant que la prose puisse être informative à ce sujet[56], *sceu, congneu, peu* C 1er §, *veu, eu* – ce dernier resté en français moderne – C 2e §;

— une séquence *aa* prononcée vraisemblablement [57] [a:] dans *aage* C fin 2e §.

55 Où se généralise l'effacement des voyelles atones en hiatus.

56 En l'absence de mètre et, donc, d'une possibilité de compter les syllabes, la seule information réside dans l'existence de graphies dites «inverses» comme *veins* (ci-dessus; P. 1 de passé défini de *venir*), où le *e*, qui n'a jamais correspondu à une prononciation, prouve le caractère devenu rétrograde d'autres *e* qui, ailleurs, ont noté [ẹ]: *veins*, remplaçant parfois *vins*, n'a pu être prononcé qu'en une seule syllabe et informe ainsi de la prononciation monosyllabique de *eu*. Par ailleurs, l'époque tardive du texte où il se trouve autorise à considérer que l'hiatus était bien réduit.

57 Autant qu'un texte en prose permette d'en juger; voir la note précédente.

Graphies étymologiques

Certaines lettres sont empruntées directement à l'étymon latin sans avoir jamais correspondu à une prononciation dans l'histoire du français : ex. le *p* rapproche *escript* prononcé [ekri(t)] de l'étymon *scriptum* ; mais beaucoup de ces lettres étymologiques ne se limitent pas à la fonction de créer une parenté visuelle avec la forme-mère latine : utilisées à des fins diacritiques, elles permettent d'identifier les lettres environnantes lorsque celles-ci pouvaient être source d'ambiguïté, comme c'était souvent le cas à l'époque où l'écriture n'était encore que manuscrite : des lettres devenues distinctes depuis – et l'imprimerie a beaucoup favorisé cette différenciation – pouvaient alors aisément se confondre dans la même forme graphique : pas plus que *i* et *j*, *u* et *v* n'étaient encore distincts et ces deux dernières lettres pouvaient même se confondre avec *n* dans deux jambages graphiques ; l'adjonction à un signe de ce genre d'une lettre facilement identifiable pouvait permettre d'en lever l'ambiguïté :

— ainsi le *d* « muet » de *advenant* non seulement rappelle celui du préfixe latin *ad*, mais signale que la lettre suivante est une consonne, à lire [v] ;

— d'une autre façon, dans *faulte* T 998, *faulcon* T 1 000, *aulcune* C 1er §, *vouldroye* C 3e §, le *l* – étymologique et qui a pu correspondre à une prononciation aux débuts de l'ancien français[58] – signale que la lettre précédente n'est pas une consonne, mais constituant d'un digramme vocalique ayant anciennement noté une diphtongue [au̯], [ou̯], alors monophtonguée.

[58] Voir l'étude de *nouviaus* (exercice 12) et de *mieuz* (exercice 14.3.2.) ; *l* est donc à la frontière entre lettre étymologique et lettre rétrograde.

Rem. — Dans son rapport avec la prononciation, la séquence graphique de *u* et *l* est redondante, les deux lettres étant devenues équivalentes pour noter la semi-voyelle [u̯] aboutissement de l'ancien [l] implosif : alors que *u* transcrit cette évolution, *l* apparaît comme une graphie rétrograde (ex. *falte // faute, alcune // aucune, molt // mout, voldroie // voudroie...*) ; les graphies redondantes (ex. *faulte*) se sont développées au point que tout digramme en *u* (*au, ou, eu*) a tendu à s'adjoindre un *l*, étymologique ou non, devenu le signe diacritique défini ci-dessus.

En finale, le rétablissement d'une lettre étymologique peut correspondre à une visée morphologique : maintenir une communauté d'image graphique dans les divers constituants d'un même paradigme morphologique[59] ; ici, le *d* final de *grand* C 2e § (qui s'est substitué à *grant*, usuel en ancien français), assure une unité graphique au morphème lexical qui engendre aussi *grandeur, grandement, agrandir...* etc., fonctionnant ainsi comme constituant de morphogramme ; de même le *t* de *faict* et *faictz* C 1er et 2e §.

Signes uniquement diacritiques

D'autres lettres, *g, h, y* – cette dernière d'utilisation récente mais très développée en moyen français – n'ont d'autre justification que la seule fonction diacritique :

— dans *huit* (< *octo*), l'adjonction du *h* à l'initiale – qui n'est ici ni rétrograde ni étymologique – permet de repérer une voyelle dans le signe graphique immédiatement suivant, évitant ainsi l'hésitation avec *vit* ;

— dans *ung* (< *unum*) l'adjonction du *g* en finale – ici ni rétrograde ni étymologique non plus – signale que la

59 Voir l'exercice n° 19.

lettre précédente est *n*, évitant ainsi la lecture, sinon toujours possible[60], en *nu, vu* ou *VII*.
Rem. — Le choix de cette lettre pour l'adjoindre à *n* a été favorisé par l'emploi, bien attesté dans les codes graphiques médiévaux, de la séquence *ng* pour noter [ɲ] à la finale[61] (ex. *besoing*) ; la dépalatalisation de [ɲ] final, devenu [n], a fini par rendre équivalentes les graphies *ng* - *gn* et *n* ; le moyen français se caractérise par une prolifération de *ng* et *gn*, notant indifféremment [ɲ] ou [n] : ex. [ɲ] dans *digne* C 1er §, [n] dans *cogneu* C 2e §.

— l'emploi du *y*, qui ne remonte pas au-delà du 13e siècle, répond initialement aux mêmes fins diacritiques : il signale un [i] ou un [j], à l'exclusion de [ʒ] ; en effet, dans les manuscrits médiévaux, ce qui est devenu par la suite *j* n'était qu'une forme allongée de *i*, chacune de ces deux formes pouvant indifféremment correspondre à [i], [j] ou [ʒ][62] ; variante calligraphique de *i*, le *y* servait originellement à indiquer de façon plus lisible, au contact de *u/v, n, m*, la valeur d'un *i* [63], comme encore ici dans *luy* [64] T 746, 994, *uys* T 997, 998, *nuyt* T 1 005, *ouy*, *servy* C 2e §, pour y noter [i] ou dans *ayme* T 751 comme constituant d'un digramme notant [ɛ].

Entre voyelles, il est notable que, dès le moyen français, *y* acquiert l'une de ses valeurs modernes, cumulant la fonction de *i* dans un digramme comme *oi* (ou *ai*) et la notation de [j] : ainsi pour la désinence d'imparfait *-oye* prononcée

60 Voir ci-dessus le début du § « Graphies étymologiques ».

61 Parfois à l'intérieur, mais, dans cette position, c'est *gn* et *ign* qui sont les graphies les plus fréquentes ; voir le corrigé de l'exercice 14.3.1. c.

62 Ex. *ianvier* prononcé [ʒɑ̃nvjer].

63 Ex. dans *yver, yvre*, le *y* exclut la lecture en *juer, jure*.

64 En concurrence avec *lui* T 991, qui reste toutefois une forme exceptionnelle ici (une seule occurrence).

[wɛjə̨] C 2e-3e §. Dans ce même texte et pour la même désinence, on remarquera que l'emploi du *y* se limite à *-oye* (et ne se trouve pas dans *-oit* prononcé [wɛ(t)] : *pourroit, seroit*) alors que dans d'autres formes *y* peut être en lieu et place de *i*, en simple constituant du digramme *oi* ou *ai* : *quoy* T 759 C 2e §, *chastoy* C 3e §, *ay* T 749, C 1er-2e §. *Y* s'est assez vite généralisé comme graphie du pronom adverbial, où à la fonction diacritique – qui le distingue du chiffre *I* – s'ajoute celle de logogramme.

S'il est vrai que l'emploi de *y* tend à se développer un peu anarchiquement en moyen français, où il est susceptible de remplacer quasiment tout *i*, les usages en restent variables selon les textes et, dans la grande majorité de ceux-ci, il peut se repérer pour *y* des contraintes, systématiques, de position ; dans les extraits donnés, ces « lois » de position se révèlent les suivantes :

— la position préférentielle de *y* est en finale absolue, qui représente quasiment 70 % des occurrences :

ay **vs** *laiz, faict*
quoy, roy **vs** *fois* ;

— toutefois, même en finale absolue, à une exception près (*servy* C 2e §), *y* ne se trouve pas derrière la notation d'une consonne, position ici réservée à *i* :

– en finale absolue : ex. *qui* T 1 004 } pour noter [i]
– entre deux consonnes : ex. *plaisir* T 758 } pour noter [i]
– entre consonne et voyelle : ex. *lieutenant* T 746 pour noter [j].

A la même visée diacritique répond l'emploi, qui apparaît et se développe en moyen français, de consonnes graphiques doubles, pour apporter une information sur la voyelle précédente :

— de timbre ouvert [ɛ]
– avec *ll* : *excellente* C 1er §, *continuelle* C 1er §, *chambellan* C 2e § ;
– avec *ss* (qui impose, en outre, la prononciation [s] : *jeunesse* C 2e § ;

— de nasalité, information dévolue au redoublement de *m* et *n* :
– *nommer* T 757, *communement* T 759, *hommes* C 2e §
– *bonnes* C 2e §.

Conventions nouvelles

De nouvelles valeurs commencent à être attribuées aux lettres *x* et *z*, devenues toutes deux des variantes positionnelles de *s*, qui reste l'archigraphème pour les sons [s] et [z]. Ces changements, qui ont été l'objet de l'exercice n° 20, sont ici représentés dans :

— *six* T 755, *dix* T 1000 où, derrière *i* (et non plus seulement derrière un digramme en *u* : *au*, *eu*, *ou*) *x* commence à se substituer à *s* final pour noter [s] ou [z] ou pour n'y plus rien noter, selon la position dans la chaîne parlée[65] ; dans *six*, *x* est, en outre, une lettre étymologique ;

— *unziesme* C 1er §, où *z* commence à se substituer à *s* pour noter [z] à l'intérieur d'une forme ;

— *ilz* C 2e §, où *z* étend sa fonction de morphogramme de pluriel, initialement limitée à la position derrière voyelle tonique, comme ici dans *laiz* T 755, 991, *congneuz* C 2e § ; dans *faictz* C 1er §, outre cette fonction, *z* a celle de graphie rétrograde, y ayant originellement noté [ts] (AF *faiz* graphie de [fɛts]).

65 Voir le corrigé de l'exercice n° 20.

Exercice 22. 1.

a- Depuis l'époque où le [s] implosif devant consonne avait commencé à s'amuïr (fin du 12e siècle ->) la lettre *s* était devenue, outre une **graphie historique**, un **signe diacritique** notant la longueur de la voyelle précédente : [ɛ :], [i :]... Dans d'autres formes, cette longueur avait pu aussi être notée par le redoublement de la voyelle graphique : *ee* pour [ɛ :], *aa* pour [a :], *oo* pour [o :]...
L'accent circonflexe s'est substitué à ces deux types de signes diacritiques antérieurs pour indiquer une longueur vocalique, dont la notation s'est ainsi trouvée unifiée.
De même que *s* et à partir de la même époque, *z* pouvait fonctionner à la fois[66] :

— comme signe diacritique signalant la tonicité et le timbre fermé de la voyelle notée par *e* le précédant ;

— comme **morphogramme** de pluriel, en concurrence avec *s*, dans une moindre mesure *x ;*

— comme constituant de morphogramme dans les formes verbales, *-ez* y apportant l'information de P. 5.

Au pluriel, le remplacement de la finale *-ez* par *-és*, qui apparaît comme un transfert de marques graphiques, a limité le rôle diacritique de *z* au système verbal et, dans celui-ci, à la P. 5 où il continue à avoir une fonction de constituant de morphogramme. Cette réforme a opéré ainsi une première unification dans les graphèmes du pluriel en y accentuant la prédominance de *s* qui y était déjà majoritaire et qui n'y entre plus en concurrence qu'avec *x*.

66 Voir l'exercice 19.

b- [ɛ] ne se trouve ici que :

— sous l'accent ;

— en dehors de l'accent, à l'initiale devant une syllabe en /ə/[67].

Ce son est noté majoritairement par *è*, mais parfois par *e* (en toute position devant consonne implosive), en concurrence avec *ai* voire maintenant[68] *aî* et avec le redoublement de la consonne graphique suivante : *tt*, *ll* etc.[69] Cette pluralité de graphies permet occasionnellement à l'écrit de signaler les différences entre unités lexicales homophones : ainsi pour [mɛR], [mɛtrR(ə)], les graphèmes *è, ai, e* fonctionnant comme constituants de logogrammes.

Dans [miʃɛl], la séquence *le* permet d'établir une distinction graphique de genre.

c- L'accent circonflexe était originellement destiné à noter une voyelle longue ; cette longueur a, depuis, très souvent disparu et l'accent circonflexe ne sert plus alors qu'à opposer occasionnellement des homophones (ex. ***dû*** adjectif *vs* ***du*** article ; ***sûr*** adjectif *vs* ***sur*** préposition ; ***eût*** subjonctif imparfait *vs* ***eut*** passé défini ; mais là où il n'a même plus cette fonction discriminatoire, l'accent circonflexe est devenu un simple constituant de logogramme, phonétiquement et morphologiquement inutile ; ainsi dans [pikyR], [trɛtR(ə)], [plɛ(t)]. Dans quelques cas, la suppression de cet accent rompt une communauté d'image graphique unissant jusqu'alors des formes du même paradigme morphologique : ex. *dument* (par rapport à l'adjectif *dû*) ; mais la

67 Sur le ou les timbres vocaliques correspondant à cette notation et à ce qui est appelé « *e* muet », sur son statut phonologique, voir F. Carton, *Introduction...* p. 63-65 et, ici, l'exercice n° 20 bis.

68 La prononciation d'une voyelle longue ayant quasiment disparu.

69 On notera toutefois que *ss* se trouve derrière [ɛ] comme derrière [e] (ex. *dresse, dresser*).

même suppression peut au contraire rétablir cette communauté : ex. *plait* (par rapport à *plaire*, *plaisent*...).

L'accent grave sur *e* a toujours eu pour fonction de signaler le timbre ouvert, [ɛ] de la voyelle, l'accent aigu le timbre fermé [e]. Un certain nombre de [e] étant devenus [ɛ] en syllabe atone, le changement d'accent est une adaptation de la graphie à une évolution de la prononciation, conformément aux conventions constitutives du code écrit français.
Le [ɛ] peut/pouvait aussi être noté par le redoublement graphique de la consonne suivante : ex. *dentelle, lunette* ; mais ce redoublement a aussi été utilisé pour maintenir une unité graphique dans un même paradigme morphologique, au détriment d'une correspondance avec la prononciation : ex. *dentellière, lunettier* parallèlement à *dentelle, lunette*, mais contrairement à ces deux derniers, non prononcés avec un [ɛ]. Si elle rompt cette communauté d'image graphique, l'adoption de la consonne simple en établit une avec d'autres dérivés en *-etier* et, par ailleurs, renforce la fonction de phonogramme des consonnes graphiques doubles.

2.
Les noms à finale *er* empruntés à l'anglais ont généralement en français une double prononciation, en [ɛR] et en [œR], cette dernière étant aussi celle d'un suffixe français, *-eur*, bien productif de noms d'agent ; outre la suppression du trait d'union, l'adoption de la graphie *eur* garde ainsi au suffixe anglais *-er* son statut morphologique en l'adaptant aux phonèmes/graphèmes du français, où la graphie *-er* note ordinairement [e(R)].
L'adoption de la graphie *ponch* correspond à l'une des prononciations attestées en français pour la boisson correspondante [pɔ̃ʃ] et permet d'en distinguer l'image graphique de

celle de *punch*, désormais réservée à la dénomination d'une forme de dynamisme et prononcée [pœntʃ].

Le digramme *gh* fait figure d'anomalie dans le système graphique du français où, pour noter [g] l'archigraphème est *g*, auquel s'adjoint devant *e* et *i* la lettre diacritique *u* ; *g* et *gu* sont ainsi amenés à remplacer la graphie *gh* d'origine étrangère.

Bibliographie

(limitée à la préparation à l'épreuve de phonétique historique)

E. Bourciez, *Eléments de linguistique romane* ,Klincksieck, 5e éd., 1967.

E. et J. Bourciez, *Phonétique française. Etude historique*, Klincksieck, 5e éd., 1982.

F. Carton, *Introduction à la phonétique du français,* Bordas, 1974, 2e éd. 1979.

P. Fouché, *Phonétique historique du français,* Klincksieck, 1961.

F. de La Chaussée, *Initiation à la phonétique historique de l'ancien français,* Klincksieck, 1974, 2e éd. 1982.

G. Joly, *Précis de phonétique historique,* A. Colin, 1995.

A. Martinet, *Economie des changements phonétiques : traité de phonologie diachronique,* 1955.

M.K. Pope, *From Latin to modern French with especial consideration of Anglo-Norman. Phonology and morphology,* Manchester University Press, 1934, 2e éd. 1952.

G. Straka, *Les sons et les mots. Choix d'études de phonétique et de linguistique,* Klincksieck,1979 (Bibliothèque romane et française).

G. Zink, *Phonétique historique du français,* P.U.F., 3e éd. 1992.

Un aide-mémoire est donné par :
H. Bonnard, *Synopsis de phonétique historique,* S.E.D.E.S.- C.D.U., 3e éd. 1982.

Un complément bibliographique, plus spécialement consacré aux **formes dialectales**, se trouve dans **l'exercice n° 18**.

Un autre, consacré aux **relations entre graphies et prononciations** se trouve dans **les exercices nos 19 et 22.**

Index des formes citées

Les chiffres correspondent aux numéros des exercices et de leurs corrigés.
Les caractères gras indiquent une forme étudiée intégralement.